나도 이제 영어로 말한다!

기적의 영어회화 스피킹 1

마이클 사이먼 & 라이언 강 지음

바이링구얼

책의 구성과 학습법

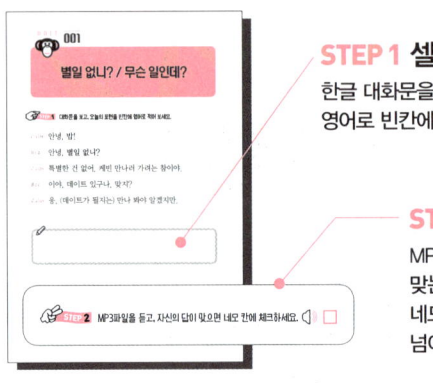

STEP 1 셀프 테스트
한글 대화문을 보고 오늘의 표현을 영어로 빈칸에 적기

STEP 2 리스닝
MP3파일을 듣고 자신이 적은 답이 맞는지 확인하기. 정답을 맞혔으면 네모 칸에 체크하고 다음 페이지로 넘어가기

STEP 3 이론 학습
정확한 정답을 확인하고 표현의 용도와 활용법 익히기

STEP 4 스피킹
영어 대화문을 보고 MP3파일을 들으며 성우의 말투를 흉내 내어 따라 말하기

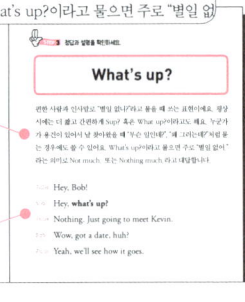

POP QUIZ 연습문제
각 챕터 마지막의 연습문제를 풀어봄으로써
진정한 자신의 문장으로 만들기

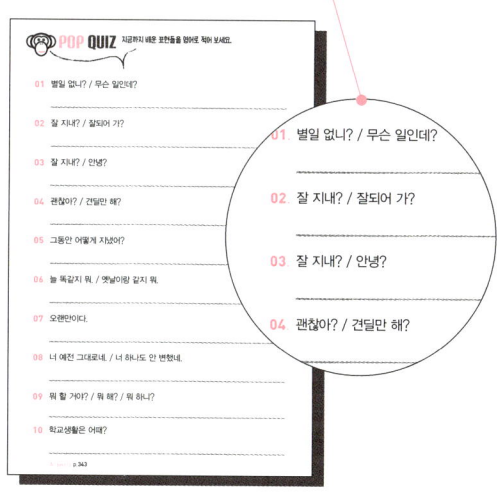

★ 무한 반복 학습
책을 끝까지 다 보면 처음으로 돌아가서 틀려서
네모 칸에 체크하지 못한 표현을 다시 맞혀 보기.
모르는 표현이 없을 때까지 반복하기!

차 례

Chapter 01 ---------------------------------- 012

001 별일 없니? / 무슨 일인데? What's up?
002 잘 지내? / 잘되어 가? How's it going?
003 잘 지내? / 안녕? How you doing?
004 괜찮아? / 견딜만 해? How you holding up?
005 그동안 어떻게 지냈어? How have you been?
006 늘 똑같지 뭐. / 옛날이랑 같지 뭐. Same old, same old.
007 오랜만이다. It's been a long time.
008 너 예전 그대로네. / 너 하나도 안 변했네. You haven't changed a bit.
009 뭐 할 거야? / 뭐 해? / 뭐 하니? What are you up to?
010 학교생활은 어때? How's school?

Chapter 02 ---------------------------------- 034

011 오늘 하루 어땠어? How was your day?
012 (그거) 어떻게 됐어? How did it go?
013 재밌게 놀고 있니? Are you having fun?
014 지금까진 아주 좋아. So far so good.
015 우리 전에 만난 적 있나요? Have we met before?
016 처음 봬요. I don't think we've met.
017 너희 둘 인사 나눴니? Have you two met?
018 둘이 좀 친해졌니? Did you get to know each other?
019 저를 아세요? / 제가 아는 분인가요? Do I know you?
020 얘기 정말 많이 들었어요. I've heard so much about you.

Chapter 03 ---------------------------------- 056

021 취미로 뭘 하세요? What do you do for fun?
022 여긴 어쩐 일이야? What brings you here?

023 너 왔구나. / 네가 해냈어. You made it.
024 늦어서 미안해. Sorry I'm late.
025 어디 갔다 온 거니? Where have you been?
026 잠깐 실례할게요. (잠시 자리를 비울 때) Excuse me for a second.
027 또 봐. / 잘 가. See you.
028 좋은 하루 보내요. / 잘 가. / 잘 자. Have a good one.
029 몸 잘 챙겨. / 몸 조심해. Take care of yourself.
030 연락하고 지내자. Don't be a stranger.

Chapter 04 — 078

031 여기 있어요. Here you go.
032 바로 그거야. / 그래 그렇게 하는 거야. There you go.
033 거기 있었구나. There you are.
034 그게 다야. / 바로 그거야. That's it.
035 바로 이거야. / 바로 여기야. / 바로 지금이야. This is it.
036 우리 다 왔어? Are we there yet?
037 다 왔어. / 여기야. Here we are.
038 또 시작이네. Here we go again.
039 별 말씀을. / 그런 말 마세요. Don't mention it.
040 천만에요. / 기꺼이 할게. / 만나서 반가워요. My pleasure.

Chapter 05 — 100

041 어떻게 감사를 드려야 할지 모르겠네요. I can't thank you enough.
042 이 정도쯤이야 당연히 해드려야죠. It's the least I can do.
043 칭찬을 들으니 기분 좋네요. / 영광입니다. / 과찬이세요. I'm flattered.
044 덕분에 오늘 정말 기분 좋네요! You made my day!
045 칭찬으로 들을게. I'll take that as a compliment.
046 뭘 이런 것까지. / 안 그래도 되는데. You shouldn't have.

047 내가 한 번 빚졌네. / 너한테 한 번 빚졌네. I owe you one.
048 잘됐다. (상대방의 좋은 일에 대해) Good for you.
049 너 사귀는 사람 있니? Are you seeing anyone?
050 나랑 데이트할래? Will you go out with me?

Chapter 06 ---------------------------------- 122

051 걔한테 데이트 신청했어? Did you ask her out?
052 우리 헤어졌어. We broke up.
053 나 차였어. I got dumped.
054 나 바람맞았어. I got stood up.
055 나 고등학교 때 너 좋아했었어. I had a crush on you in high school.
056 나 너한테 끌려. I'm drawn to you.
057 나 너한테 푹 빠졌어. I'm so into you.
058 나 항상 너한테 마음이 있었어. I've always had a thing for you.
059 나 아직도 걔한테 마음이 있어. I still have feelings for her.
060 난 항상 잘못된 남자한테 빠져. I always fall for the wrong guys.

Chapter 07 ---------------------------------- 144

061 저한테 작업 거시는 거예요? Are you hitting on me?
062 저한테 추파 던지시는 거예요? Are you coming on to me?
063 그가 바람피웠어. He cheated on me.
064 너 걔 임신시켰니? Did you knock her up?
065 이 사람 저 사람 막 자고 다니지 마. Stop sleeping around.
066 네가 못 오를 나무야. / 네가 넘볼 사람이 아니야. She's out of your league.
067 그녀는 절대 놓치면 안 되는 사람이야. She's a keeper.
068 너희 둘 천생연분이다. You two are made for each other.
069 (나한테 관심 있는 것처럼) 사람 헷갈리게 하지 마.
    Stop sending me mixed signals.
070 나도 너에 대해서 똑같은 감정이야. I feel the same way about you.

Chapter 08 ---------------------------------- 166

071 나는 그와 여러 면에서 잘 통해. I connect with him on so many levels.
072 그녀가 그 남자와 사귄다는 건 상상이 안 돼. It's hard to imagine her with that guy.
073 우리 신혼이에요. We're newlyweds.
074 우리 죽이 정말 잘 맞더라. We hit it off.
075 우리 사이가 별로 좋지 않아. We don't get along very well.
076 난 이곳과 맞지 않아. I don't fit in here.
077 그는 나의 좋은 친구야. He's a good friend of mine.
078 그녀는 어떤 사람이야? What is she like?
079 우리 화해했어. We made up.
080 같이 놀래? Do you wanna hang out?

Chapter 09 ---------- 188

081 우리 언제 만나서 점심 같이 먹자. Let's get together for lunch sometime.
082 내가 뒤에서 받쳐 줄게. / 나만 믿어. / 내가 있잖아. I got your back.
083 넌 누구 편이야? Whose side are you on?
084 네가 내 뒤통수를 쳤어. You stabbed me in the back.
085 너 나한테 화났어? Are you mad at me?
086 너 때문에 열받아. You're pissing me off.
087 나 완전 뚜껑 열렸어. I lost my temper.
088 너 때문에 간 떨어지는 줄 알았잖아! You scared the shit out of me!
089 너 때문에 걱정돼 죽는 줄 알았어. I was worried sick about you.
090 너 때문에 순간 걱정했잖아. You had me worried for a second.

Chapter 10 ---------- 210

091 정말 다행이다. I'm so relieved.
092 왜 시무룩한 얼굴을 하고 있어? Why the long face?
093 너무 까다롭게 굴지 마! Don't be so picky!
094 너 미쳤니? Are you nuts?
095 걔 정말 짜증나게 해. He gets under my skin.
096 너무 오버하지는 말자. Let's not get carried away.
097 그거 자꾸 신경에 거슬려. It's getting on my nerves.

098 너 참 뻔뻔하구나. You have a lot of nerve.
099 나도 몰라. Your guess is as good as mine.
100 내가 어떻게 알아? How should I know?

Chapter 11 ---------------------------------- 232

101 내가 알기론 그렇지 않아. Not that I know of.
102 넌 모르는 게 나아. / 몰라도 돼. You don't wanna know.
103 그건 모르는 일이지. / 그거야 알 수 없지. You never know.
104 (그런지 아닌지) 네가 어떻게 알아? How can you tell?
105 뭐라고 얘기하기엔 너무 일러. It's too soon to tell.
106 내가 이런 건 빠삭해. / 내가 알아서 해. I know what I'm doing.
107 시치미 떼지 마. Don't play dumb.
108 좋은 정보네. / 알게 되어 좋네. Good to know.
109 그냥 네가 알아 둬야 할 것 같아서. Just thought you should know.
110 네 눈을 보면 알아. I can see it in your eyes.

Chapter 12 ---------------------------------- 254

111 네 얼굴에 다 쓰여 있어. It's written all over your face.
112 보면 알아. / 가 보면 알아. / 열어 보면 알아. You'll see.
113 있잖아! Guess what!
114 그런 거 있잖아. It's just one of those things.
115 그냥 궁금해서. Just wondering.
116 그러니 네가 친구가 없는 거야. No wonder you don't have any friends.
117 내 기억이 맞다면 If my memory serves me right
118 네가 뭘 모르나 본데 / 한 가지 알려 두자면 For your information
119 명심할게. / 기억하고 있을게. I'll keep that in mind.
120 깜박했어. It slipped my mind.

Chapter 13 ---------------------------------- 276

121 그건 생각도 안 해 봤어. It never crossed my mind.
122 내 기억에는 그래. That's the way I remember it.

123 무슨 생각해? What's on your mind?
124 네 생각은 어때? / 넌 어때? What do you say?
125 왜 그렇게 생각하는데? What makes you think that?
126 내 생각은 다른데. I beg to differ.
127 누가 생각이나 했겠어? / 누가 알았겠어? Who would have thought?
128 꿈도 꾸지 마. Don't even think about it.
129 그건 꿈도 안 꿔. I wouldn't dream of it.
130 그러고 보니 / 생각해 보니 Come to think of it

Chapter 14 ---------- 298

131 말이 나와서 말인데 Speaking of which
132 자꾸 생각나게 하지 마. Don't remind me.
133 긍정적으로 생각해. Look on the bright side.
134 나 다시 생각 좀 하고 있어. I'm having second thoughts.
135 넌 이성적으로 생각하고 있지 않아. You're not thinking straight.
136 너 내가 아는 사람하고 닮았어. You remind me someone I know.
137 뭐라고? / 다시 한 번 말해 줄래? Come again?
138 나 아직 말 안 끝났어. I'm not finished with you.
139 할 말을 잃었어. I'm speechless.
140 내가 어디까지 얘기했지? Where was I?

Chapter 15 ---------- 320

141 많이 소문 내. Get the word out.
142 사돈 남 말 하네. / 누가 할 소리. Look who's talking.
143 너나 그렇지. Speak for yourself.
144 호랑이도 제 말하면 온다더니. Speak of the devil.
145 이제야 말이 통하네. / 진작 그렇게 나와야지. Now you're talking.
146 너야 쉽게 말하지. That's easy for you to say.
147 내가 방금 크게 말했니? Did I just say that out loud?
148 말해 봐. (상대방이 할 말이 있다고 할 때) Lay it on me.
149 말해 봐. / 뱉어. (상대방이 말하기를 주저할 때) Spit it out.
150 자세히 얘기해 봐. Fill me in.

CHAPTER 01

UNIT 001~010

별일 없니? / 무슨 일인데?

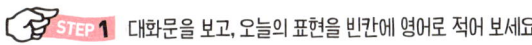 대화문을 보고, 오늘의 표현을 빈칸에 영어로 적어 보세요.

Julie 안녕, 밥!

Bob 안녕, 별일 없니?

Julie 특별한 건 없어. 케빈 만나러 가려는 참이야.

Bob 이야, 데이트 있구나, 맞지?

Julie 응, (데이트가 될지는) 만나 봐야 알겠지만.

 MP3파일을 듣고, 자신의 답이 맞으면 네모 칸에 체크하세요.

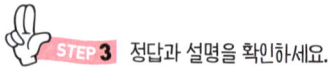 정답과 설명을 확인하세요.

What's up?

편한 사람과 인사말로 "별일 없니?"라고 물을 때 쓰는 표현이에요. 평상시에는 더 짧고 간편하게 Sup? 혹은 What up?이라고도 해요. 누군가가 용건이 있어서 날 찾아왔을 때 "무슨 일인데?", "왜 그러는데?"처럼 묻는 경우에도 쓸 수 있어요. What's up?이라고 물으면 주로 "별일 없어."라는 의미로 Not much. 또는 Nothing much.라고 대답합니다.

Julie Hey, Bob!

Bob Hey, **what's up?**

Julie Nothing. Just going to meet Kevin.

Bob Wow, got a date, huh?

Julie Yeah, we'll see how it goes.

 위 대화문을 보고, MP3파일을 들으면서 따라 말해 보세요.

잘 지내? / 잘되어 가?

STEP 1 대화문을 보고, 오늘의 표현을 빈칸에 영어로 적어 보세요.

Barbara 팀! 잘 지내?

Tim 야, 바바라! 넌 잘 지내?

Barbara 잘 지내지. 아주 좋아.

Tim 나도 그래.

Barbara 좋네!

STEP 2 MP3파일을 듣고, 자신의 답이 맞으면 네모 칸에 체크하세요.

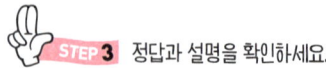 정답과 설명을 확인하세요.

How's it going?

How are you?가 정형화된 격식을 차린 인사말이라면 How's it going?은 그보다는 덜 딱딱한 비격식적 인사 표현이에요. "잘 지내?"라고 해석하면 되겠어요. 단순히 How's it going?이라고 하는 경우가 많지만 How's it going with you?라는 표현도 많이 쓰여요. 비슷한 표현으로는 How's everything going (with you)?과 How are things going (with you)?이 있답니다. 대답은 Fine. / Great. / Not good.처럼 짧게 하거나 It's going well/good.이라고 하면 돼요.

Barbara Tim! **How's it going?**

Tim Hey, Barbara! How's it going with you?

Barbara It's going well. Nothing to complain about.

Tim Yeah, me too.

Barbara That's great!

 위 대화문을 보고, MP3파일을 들으면서 따라 말해 보세요.

잘 지내? / 안녕?

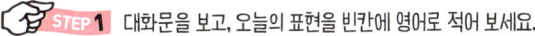 대화문을 보고, 오늘의 표현을 빈칸에 영어로 적어 보세요.

Becky 이게 누구야!

Jeff 오, 안녕, 베키! 잘 지내?

Becky 잘 지내지. 넌?

Jeff 죽을 정도는 아니야.

Becky 하하, 다행이네.

 MP3파일을 듣고, 자신의 답이 맞으면 네모 칸에 체크하세요.

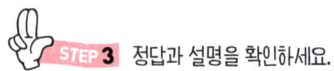 **STEP 3** 정답과 설명을 확인하세요.

How you doing?

How are you?라는 인사말 끝에 doing을 넣어서 How are you doing?이라고 해도 의미는 How are you?와 같습니다. 그런데 구어체에서는 How are you doing?처럼 모든 단어를 발음하는 게 귀찮아서 are는 빼고 How you doing?이라고 말하는 경우가 많아요. 이성에게 접근할 때 껄렁하거나 느끼한 말투로 이 표현을 쓰는 경우가 종종 있답니다. 대답은 Fine.이나 Good. 혹은 문장으로 I'm doing good/okay/all right.이라고 해요.

Becky   Look who's here!
Jeff   Oh, hi, Becky! **How you doing?**
Becky   Good. How's it going?
Jeff   I'm alive.
Becky   Haha, that's good to hear.

 **STEP 4** 위 대화문을 보고, MP3파일을 들으면서 따라 말해 보세요.

괜찮아? / 견딜만 해?

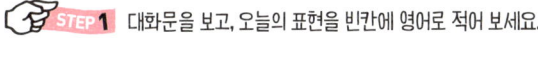

Will 아, 데비! 너랑 잭 얘기 들었어.

Debby 응, 우린 서로에게 짝이 아닌 걸로 결론 냈어.

Will **괜찮아?**

Debby 난 괜찮아. 아직도 그 애가 좀 보고 싶긴 한데, 그런 감정도 점점 무뎌지겠지.

Will 그래. 혹시 힘들면 얘기해.

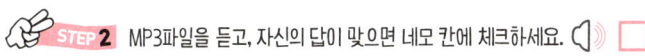

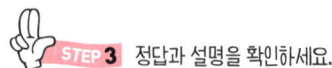 정답과 설명을 확인하세요.

How you holding up?

친구가 시련을 당했거나 힘든 일을 겪고 있을 때 위로의 말로 "괜찮아?"라고 물을 때 쓰는 표현이에요. 더 간단하게 Are you all right? 또는 Are you okay?라고 물어볼 수도 있지만, 그럼 너무 과하게 걱정하는 듯한 뉘앙스를 줄 수도 있으니 그보다는 조금 더 편하게 이 표현을 써 주세요.

Will   Whoa, Debby! I heard about you and Zack.

Debby   Yeah, we decided we weren't right for each other.

Will   **How you holding up?**

Debby   I'm all right. I still miss him a little, but it'll pass.

Will   Yeah. If you need anything, let me know.

 위 대화문을 보고, MP3파일을 들으면서 따라 말해 보세요.

그동안 어떻게 지냈어?

STEP 1 대화문을 보고, 오늘의 표현을 빈칸에 영어로 적어 보세요.

Sophie 너, 해리 맞지?

Harry 맞는데…… 죄송하지만, 저 아세요?

Sophie 나 소피야. 우리 같은 고등학교에 다녔잖아.

Harry 오, 우와! 소피구나! <u>그동안 어떻게 지냈어?</u>

Sophie 잘 지냈지. 내가 좀 많이 변했니?

Harry 아니 전혀! 못 알아봐서 미안.

STEP 2 MP3파일을 듣고, 자신의 답이 맞으면 네모 칸에 체크하세요.

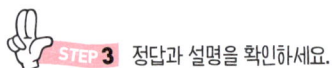 정답과 설명을 확인하세요.

How have you been?

예전에 알고 지내던 지인이나 동창 등 오랫동안 못 만나다가 다시 보게 된 경우 "그동안 잘 어떻게 지냈어?"라고 물을 때 쓰는 표현이에요. have를 생략하고 짧게 How you been?이라고 말하는 경우도 많답니다. 대답은 문장으로 I have been good/great/fine.도 괜찮고 짧게 I have been은 생략하고 Good. / Great. / Fine.처럼 형용사로만 대답해도 됩니다.

Sophie   Is that you, Harry?

Harry   Yeeeah... I'm sorry, do I know you?

Sophie   I'm Sophie. We went to high school together.

Harry   Oh, wow! Sophie! **How have you been?**

Sophie   Pretty good. Have I changed a lot?

Harry   Not at all! I'm sorry I didn't recognize you.

 위 대화문을 보고, MP3파일을 들으면서 따라 말해 보세요.

늘 똑같지 뭐. / 옛날이랑 같지 뭐.

STEP 1 대화문을 보고, 오늘의 표현을 빈칸에 영어로 적어 보세요.

Nikki 그렉! 별일 없지?

Greg 늘 똑같지 뭐. 넌 별일 없고?

Nikki 나도 똑같아. 특별한 일은 없어.

Greg 너 직장 옮긴 줄 알았는데?

Nikki 응, 옮겨 봐야 직장이 다 거기서 거기지 뭐.

Greg 그래, 다 똑같긴 하지. 하하.

STEP 2 MP3파일을 듣고, 자신의 답이 맞으면 네모 칸에 체크하세요.

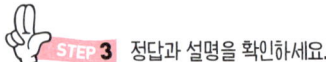 정답과 설명을 확인하세요.

Same old, same old.

오랜만에 만났거나, 가끔 만나는 상대방이 별일 없느냐고, 잘 지내느냐고 물을 때 "뭐 맨날 그렇지.", "특별한 일 없어."라는 대답으로 이 표현을 씁니다. 새로움 없이 늘 비슷한 일상이라고 푸념하는 듯한 뉘앙스로 말하는 경우가 많아요. 주의할 점은 old를 발음할 때 자음 d는 발음하지 않는 게 자연스럽습니다.

Nikki Greg! What's up?

Greg **Same old, same old.** What's up with you?

Nikki Me too. Not much is going on.

Greg I thought you started a new job?

Nikki Yeah, but you know how jobs are.

Greg Yeah, **same old, same old.** Haha.

 위 대화문을 보고, MP3파일을 들으면서 따라 말해 보세요.

오랜만이다.

STEP 1 대화문을 보고, 오늘의 표현을 빈칸에 영어로 적어 보세요.

Justin   와, 레베카, 오랜만이다.

Rebecca 그러게 말이야. 그동안 잘 지냈어?

Justin   늘 똑같지 뭐. 너 지금도 로버트랑 사귀니?

Rebecca 사실은…… 아니. 우리 몇 달 전에 헤어졌어.

Justin   에고 안타깝네.

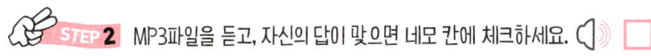

STEP 2 MP3파일을 듣고, 자신의 답이 맞으면 네모 칸에 체크하세요.

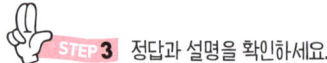 STEP 3 정답과 설명을 확인하세요.

It's been a long time.

"오랜만이다."라는 표현을 영어로 Long time no see.만 알고 있었나요? 그렇다면 이제 It's been a long time.도 함께 알아 두세요. 늘 같은 표현만 쓰면 식상하니까요. 같은 상황에서 It's been a while. / It's been ages. / It's been years. / I haven't seen you in a while.과 같은 표현들도 자주 쓰인답니다.

Justin Wow, Rebecca, **it's been a long time**.

Rebecca It has. How have you been?

Justin Same old, same old. You still dating Robert?

Rebecca Actually… no. We broke up a few months ago.

Justin I'm sorry to hear that.

 STEP 4 위 대화문을 보고, MP3파일을 들으면서 따라 말해 보세요.

너 예전 그대로네. / 너 하나도 안 변했네.

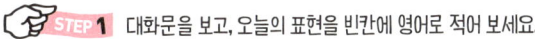 대화문을 보고, 오늘의 표현을 빈칸에 영어로 적어 보세요.

Sandra 저기요.

Ned 네?

Sandra 혹시 네드 아니니? 워싱턴 고등학교에 다녔던?

Ned 맞아. 너 혹시…… 샌드라?

Sandra 응! 샌드라 켄트.

Ned 우와, 너 예전 그대로네!

 MP3파일을 듣고, 자신의 답이 맞으면 네모 칸에 체크하세요.

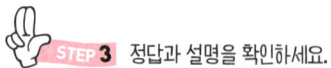 STEP 3 정답과 설명을 확인하세요.

You haven't changed a bit.

정말 오랜만에, 특히 어릴 적 친구를 성인이 돼서 다시 만났을 때 가장 많이 하는 말이 "너 정말 많이 변했다." 혹은 "너 하나도 안 변했다."이죠? 그중 "너 하나도 안 변하고 예전 그대로다."라고 말할 때 바로 이 표현을 씁니다. 옛날 모습 그대로 남아 있다는 얘기가 좋은 건지, 나쁜 건지는 여러분 각자의 판단에 맡기도록 할게요~! You didn't change.라고 하면 틀린 표현이 되니까 You haven't changed a bit.이라고 정확하게 외워 주세요.

Sandra   Excuse me.
Ned   Yes?
Sandra   Are you Ned? From Washington High?
Ned   Yes I am. Are you… Sandra?
Sandra   Yeah! Sandra Kent.
Ned   Wow, **you haven't changed a bit!**

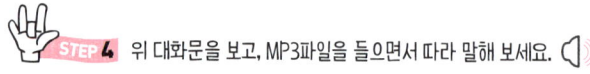 STEP 4 위 대화문을 보고, MP3파일을 들으면서 따라 말해 보세요.

뭐 할 거야? / 뭐 해? / 뭐 하니?

STEP 1 대화문을 보고, 오늘의 표현을 빈칸에 영어로 적어 보세요.

Dottie 야, 바비. 오늘 밤에 뭐 할 거야?

Bobby 글쎄, 별일 없는데. <u>넌 뭐 할 거야?</u>

Dottie 난 웬디하고 쇼핑 가려고. 너도 같이 갈래?

Bobby 재미있겠네. 하지만 난 사양할게.

Dottie 그래, 그런데 왜?

Bobby 난 쇼핑은 별로라서.

 MP3파일을 듣고, 자신의 답이 맞으면 네모 칸에 체크하세요.

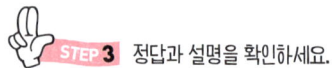 STEP 3 정답과 설명을 확인하세요.

What are you up to?

친구를 만나 가벼운 인사말로 What's up? 하듯이 What are you up to?라고 쓰는 경우도 있어요. 하지만 이 표현은 주로 대화 중에 "너 뭐 할 거야?", "뭐 하니?"라는 의미로 많이 씁니다. 상대방이 뭔가 수상쩍거나 의심스러운 행동을 할 때도 부정적인 의미로 "너 뭐 하려는 거야?", "무슨 꿍꿍이야?"라는 뉘앙스로 쓰이는 경우도 있으니 문맥을 잘 이해해야 해요.

Dottie Hey, Bobby. What are you doing tonight?

Bobby Well, I'm not doing anything. **What are you up to?**

Dottie I'm going shopping with Wendy. You want to join us?

Bobby That sounds like a fun thing to do, but I'll pass.

Dottie Okay, but why?

Bobby Shopping really isn't my thing.

 STEP 4 위 대화문을 보고, MP3파일을 들으면서 따라 말해 보세요.

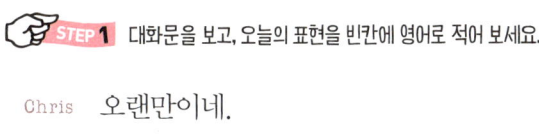

학교생활은 어때?

STEP 1 대화문을 보고, 오늘의 표현을 빈칸에 영어로 적어 보세요.

Chris 오랜만이네.

Gloria 그러게! 잘 지내?

Chris 나야 잘 지내지. 학교생활은 어때?

Gloria 어, 좀 힘들긴 한데, 그런대로 견딜 만해.

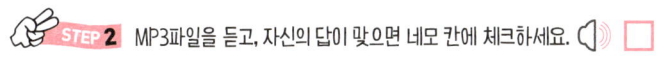

STEP 2 MP3파일을 듣고, 자신의 답이 맞으면 네모 칸에 체크하세요.

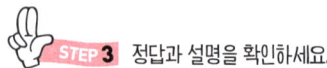 정답과 설명을 확인하세요.

How's school?

"학교생활은 어때?"라고 물을 때 How's school?이라고 하는 것처럼 "직장생활은 어때?"는 school을 work로 바꿔서 How's work?라고 하면 됩니다. 조금 더 나아가서 "요즘 사는 건 좀 어때?"라고 묻고 싶다면 How's life?라고 하는 것도 괜찮아요. 간단하죠? How's 뒤에 묻고자 하는 대상만 넣으면 다 해결되는 만능 표현, 잘 알아 두세요!

Chris   It's been a long time.
Gloria   It has! How are you?
Chris   I'm good. **How's school?**
Gloria   Oh, it's a little tough, but I'm surviving.

 위 대화문을 보고, MP3파일을 들으면서 따라 말해 보세요.

POP QUIZ 지금까지 배운 표현들을 영어로 적어 보세요.

01. 별일 없니? / 무슨 일인데?

___

02. 잘 지내? / 잘되어 가?

___

03. 잘 지내? / 안녕?

___

04. 괜찮아? / 견딜만 해?

___

05. 그동안 어떻게 지냈어?

___

06. 늘 똑같지 뭐. / 옛날이랑 같지 뭐.

___

07. 오랜만이다.

___

08. 너 예전 그대로네. / 너 하나도 안 변했네.

___

09. 뭐 할 거야? / 뭐 해? / 뭐 하니?

___

10. 학교생활은 어때?

___

Answers p.343

CHAPTER
02
UNIT 011~020

오늘 하루 어땠어?

STEP 1 대화문을 보고, 오늘의 표현을 빈칸에 영어로 적어 보세요.

Lynn 엘렌! 나 왔어요!

Alan 안녕, 자기야, 오늘 하루 어땠어요?

Lynn 완전 최악이었어!

Alan 무슨 일 있었어요?

Lynn 사장이 미친놈 같아서!

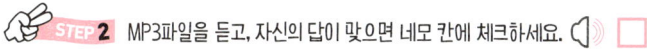

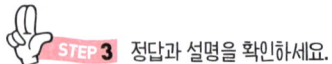 STEP 3 정답과 설명을 확인하세요.

How was your day?

가족 관계나 룸메이트 사이에서 자주 쓰는 표현이에요. 상대방이 하루 일과를 마치고 돌아왔을 때 일반적으로 가장 많이 하는 말이 "오늘 하루 어땠어?"이잖아요. 복잡하게 생각할 필요 없이 How was your day?라고 물어보면 돼요. 같은 패턴으로 좀 더 활용해 보자면 "주말 어땠어?"는 How was your weekend? 그리고 "휴가 어땠어?"는 How was your break? 이런 식으로 쓸 수 있답니다.

Lynn   Alan! I'm home!

Alan   Hey, babe, **how was your day?**

Lynn   Absolutely horrible!

Alan   What happened?

Lynn   My boss is such a dick!

 STEP 4 위 대화문을 보고, MP3파일을 들으면서 따라 말해 보세요.

(그거) 어떻게 됐어?

STEP 1 대화문을 보고, 오늘의 표현을 빈칸에 영어로 적어 보세요.

Whitney 아이고. 지금 막 면접 보고 오는 길이야.

Craig 어떻게 됐어?

Whitney 망했어! 면접관이 나한테는 질문도 안 하더라고.

Craig 면접관이 왜?

Whitney 나보고 자기소개 해 보라더니 그걸로 끝이었어.

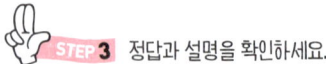 STEP 3 정답과 설명을 확인하세요.

How did it go?

면접, 소개팅, 시험, 혹은 어떤 일이든 그 일을 마치고 온 상대방에게 궁금해하면서 "그거 어떻게 됐어?" 하고 결과를 물을 때 쓰는 표현이에요. 워낙 자주 쓰는 표현이다 보니 발음할 때는 편하게 줄여서 하는 경우가 많아요. How did it go?[하우 디드 잇 고?]라고 정직하게 모든 단어를 다 발음하지 않고 How'd it go?[하우딧 고?]처럼 간단하게 말한답니다.

Whitney Oh, man. I just got back from a job interview.

Craig **How did it go?**

Whitney Terrible! The guy didn't even ask a question.

Craig What'd he do?

Whitney He just asked me to introduce myself and that was it.

 STEP 4 위 대화문을 보고, MP3파일을 들으면서 따라 말해 보세요.

재밌게 놀고 있니?

STEP 1 대화문을 보고, 오늘의 표현을 빈칸에 영어로 적어 보세요.

Patrick <u>재밌게 놀고 있니?</u>

Julie 아니 별로.

Patrick 왜 아냐? 내가 지금껏 가 본 파티 중에서 제일 괜찮은데.

Julie 이 파티가 뭐가 그렇게 괜찮은데?

Patrick 저기 있는 섹시한 여자애들 좀 봐. 이건 완전 천국이야.

Julie 그러니까 별로라고.

STEP 2 MP3파일을 듣고, 자신의 답이 맞으면 네모 칸에 체크하세요.

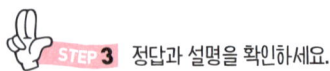 정답과 설명을 확인하세요.

Are you having fun?

친구와 모임에 가거나 부모님이 아이를 데리고 놀이공원에 갔을 때 상대방이 즐거운 시간을 보내고 있는지에 대해 묻는 표현이에요. 비슷한 상황에서 Are you having a good time?이나 Are you enjoying yourself?라고 말하는 경우도 종종 있답니다.

Patrick **Are you having fun?**

Julie Not really.

Patrick Why not? This is like the coolest party I've ever been to.

Julie What is so cool about this party?

Patrick Look at all those hot girls. This is like heaven.

Julie Exactly.

 위 대화문을 보고, MP3파일을 들으면서 따라 말해 보세요.

지금까진 아주 좋아.

STEP 1 대화문을 보고, 오늘의 표현을 빈칸에 영어로 적어 보세요.

Brenda 너 새 여자친구 생겼다며, 맞지?

Victor 응. 우리 사귄 지…… 이제 2주 됐어.

Brenda 잘돼 가?

Victor 지금까진 아주 좋아.

Brenda 잘됐네.

STEP 2 MP3파일을 듣고, 자신의 답이 맞으면 네모 칸에 체크하세요.

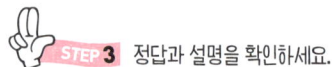

STEP 3 정답과 설명을 확인하세요.

So far so good.

상대방이 어떤 일의 진행 상황을 물을 때 대체로 만족스럽게 진행되고 있다고 대답하고 싶다면 이 표현을 써 주세요. 앞으로 어떻게 될지는 모르지만 지금까지는 잘되어 가고 있다고 말하는 거예요. 주어와 동사로 시작하는 문장 형식이 아닌 이 표현 그대로 쓰는 것이 좋습니다. 그래도 혹시 완전한 문장으로는 어떻게 쓰는지 궁금하다면 It's going good so far. 이렇게 말하면 된답니다.

Brenda You got a new girlfriend, right?
Victor   Yeah. We've been going out for… two weeks now.
Brenda How's it going?
Victor   **So far so good.**
Brenda Good to hear.

STEP 4 위 대화문을 보고, MP3파일을 들으면서 따라 말해 보세요.

우리 전에 만난 적 있나요?

STEP 1 대화문을 보고, 오늘의 표현을 빈칸에 영어로 적어 보세요.

Greg   <u>우리 전에 만난 적 있나요?</u>

Judy   맙소사. 그렉! 나야, 주디! 고등학교 동창이잖아.

Greg   아…… 안녕. 네가 화장을 너무 진하게 해서 못 알아봤어.

Judy   하하. 그렉 너 농담 잘하는 건 여전하네. 너 진짜 웃겨!

STEP 2 MP3파일을 듣고, 자신의 답이 맞으면 네모 칸에 체크하세요.

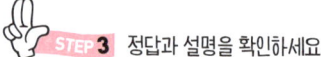 STEP 3 정답과 설명을 확인하세요.

Have we met before?

이 문장을 직역하면 "우리가 전에 만났었나요?"이지만 이 표현은 단순히 만난 적이 있는지를 묻는 것보다는 서로 정식으로 통성명을 하거나 누군가의 소개를 받아서 제대로 인사를 나눈 적이 있느냐는 의미입니다. 실제로 어딘가에서 만난 적이 있는 것 같아서 물어볼 때도 쓰지만, 남자들이 여성에게 "혹시 우리 어디서 본 적 있지 않나요?" 하면서 접근하는 작업 멘트로도 자주 사용된답니다.

Greg **Have we met before?**

Judy Oh, my God. Greg! It's me, Judy! From high school.

Greg Oh… hi. I didn't recognize you with so much makeup on.

Judy Haha. Same old Greg making jokes. You're hilarious!

 STEP 4 위 대화문을 보고, MP3파일을 들으면서 따라 말해 보세요.

처음 봬요.

STEP 1 대화문을 보고, 오늘의 표현을 빈칸에 영어로 적어 보세요.

Henry 　<u>처음 봬요</u>. 저는 헨리예요.

Gloria 　안녕하세요. 저는 글로리아라고 해요.

Henry 　만나서 반갑습니다.

Gloria 　저도요. 오늘 날씨가 좋네요.

Henry 　네, 아주 좋군요.

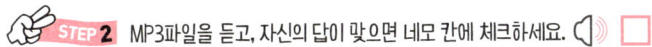

STEP 2 MP3파일을 듣고, 자신의 답이 맞으면 네모 칸에 체크하세요.

STEP 3 정답과 설명을 확인하세요.

I don't think we've met.

처음 만난 사람과 통성명을 하며 인사를 나누고자 할 때 어떤 말로 시작해야 할지 고민이라면 이 표현을 써서 자연스럽게 대화를 시작해 보세요. 주로 여럿이 모여 있는 곳에서 모르는 상대에게 말을 걸 때 쓰는 표현인데 이 말을 하고 나서는 자신의 이름을 먼저 밝히는 것이 관례입니다. 이름을 말한 뒤에는 악수를 청하는 경우가 많아요.

Henry **I don't think we've met.** I'm Henry.

Gloria Oh, hello. My name's Gloria.

Henry It's a pleasure to meet you.

Gloria Likewise. Nice weather today.

Henry Yes, very pleasant.

STEP 4 위 대화문을 보고, MP3파일을 들으면서 따라 말해 보세요.

너희 둘 인사 나눴니?

STEP 1 대화문을 보고, 오늘의 표현을 빈칸에 영어로 적어 보세요.

Darla   네드! 너희 둘 인사 나눴니?

Ned   아니, 만난 적 없는 것 같은데.

Darla   네드, 이쪽은 케이티야. 케이티, 이쪽은 네드.

Ned   만나서 반가워.

 MP3파일을 듣고, 자신의 답이 맞으면 네모 칸에 체크하세요.

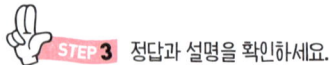 정답과 설명을 확인하세요.

Have you two met?

나와는 친하지만 서로 모르는 두 명의 친구들이나 지인들을 소개시켜줄 때 자주 등장하는 표현입니다. 동사 meet은 이렇게 처음 만난 관계에서 자주 쓰인답니다. 이 표현은 양쪽 사람 모두에게 "너희 둘 인사 나눴니?"라는 의미로 쓰였지만, 한쪽 사람에게 다른 한쪽의 이름을 대며 Have you met Ned? 혹은 Have you met Katy?라고 말하기도 해요.

Darla   Ned! **Have you two met?**

Ned   No, I don't believe we have.

Darla   Ned, this is Katy. Katy, this is Ned.

Ned   It's a real pleasure to meet you.

 위 대화문을 보고, MP3파일을 들으면서 따라 말해 보세요.

둘이 좀 친해졌니?

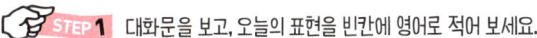

Sara 네가 버니하고 데이트를 했다니 질투 나는데.

Kylie 응, 데이트 정말 멋졌어. 버니가 최고로 좋은 식당으로 데리고 가서 와인도 제일 비싼 걸로 사 줬어.

Sara 둘이 좀 친해졌니?

Kylie 응, 우리는 인생과 다른 여러 이야기를 나눴어. 정말 좋았어.

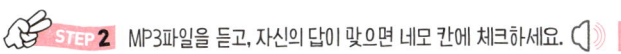

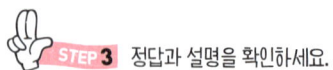 STEP 3 정답과 설명을 확인하세요.

Did you get to know each other?

잘 모르던 사람과 알게 되거나 친해진다는 의미로 get to know라는 숙어를 쓰는데 become to know가 아니라 get to know니까 틀리지 않도록 조심하세요. get to know는 I want to get to know him better. (난 그와 더 친해지고 싶어.) 또는 Let's get to know each other. (우리 서로 알아 가도록 하자.)과 같은 형식으로도 많이 쓰입니다.

Sara I'm so jealous you went out with Bernie.

Kylie Yeah, it was such an awesome date. He took me to the nicest restaurant and got the most expensive wine.

Sara **Did you get to know each other?**

Kylie Yes, we talked a lot about life and such. It was so amazing.

 STEP 4 위 대화문을 보고, MP3파일을 들으면서 따라 말해 보세요.

UNIT 019

저를 아세요? / 제가 아는 분인가요?

 대화문을 보고, 오늘의 표현을 빈칸에 영어로 적어 보세요.

Timmy 앗 이게 누구예요! 빅토리아 씨로군요!

Victoria 죄송하지만, 저를 아세요?

Timmy 저 티미예요! 몇 주 전에 톰의 파티에서 같이 어울렸던.

Victoria 아, 죄송해요. 그때 파티에서 워낙 많은 사람과 대화를 나눠서 기억이 잘 안 나요.

Timmy 아…… 그렇군요. 여하튼 만나서 반가웠어요.

 MP3파일을 듣고, 자신의 답이 맞으면 네모 칸에 체크하세요.

STEP 3 정답과 설명을 확인하세요.

Do I know you?

처음 보는 사람이 나에게 아는 척을 할 때 "혹시 저 아세요?"라고 묻죠. 그럴 때 쓰는 영어표현이 바로 Do I know you?입니다. 왠지 Do you know me?라고 해야 맞을 것 같지만 원어민들은 이 상황에서 Do you know me?라고 하지 않고 Do I know you?라고 한답니다. 헷갈릴 수 있는 표현이니까 신경 써서 외워 주세요.

Timmy   Look who's here! It's Victoria!
Victoria   I'm sorry, **do I know you?**
Timmy   It's Timmy! We hung out at Tom's party a few weeks ago.
Victoria   Oh, sorry. I talked with a lot of people at that party so I don't quite remember you.
Timmy   Oh… well. Nice to see you again.

UNIT 020

얘기 정말 많이 들었어요.

STEP 1 대화문을 보고, 오늘의 표현을 빈칸에 영어로 적어 보세요.

Rachel 만나서 반가워요, 피터. <u>얘기 정말 많이 들었어요.</u>

Peter   좋은 얘기만 들으셨기를.

Rachel 당연하죠. 아이리스가 당신에 대해 칭찬만 많이 했는걸요.

Peter   음, 그건 그녀가 제 변호사라서 그럴 거예요.

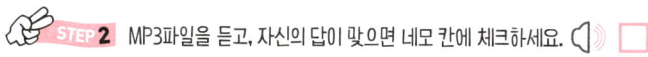

STEP 2 MP3파일을 듣고, 자신의 답이 맞으면 네모 칸에 체크하세요.

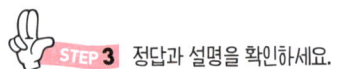

STEP 3 정답과 설명을 확인하세요.

I've heard so much about you.

나와 친한 사람의 친구, 직장 동료나 가족을 소개받았을 때 우리말로도 "(당신에 대해서) 얘기 정말 많이 들었어요."라고 하듯이 영어로도 똑같이 표현한답니다. 이 표현을 쓸 때는 정말 만나 보고 싶었다는 반가운 마음을 전하며 말하면 좋겠네요. 이 표현에 대한 대답으로 자주 쓰이는 표현으로는 I hope only good things. / All good things I hope. (좋은 얘기만 들었기를 바랍니다.)가 있어요.

Rachel   Nice to meet you, Peter. **I've heard so much about you.**

Peter   I hope only good things.

Rachel   Of course. Iris only has positive things to say about you.

Peter   Well, that's because she's my lawyer.

STEP 4 위 대화문을 보고, MP3파일을 들으면서 따라 말해 보세요.

POP QUIZ 지금까지 배운 표현들을 영어로 적어 보세요.

01. 오늘 하루 어땠어?

02. (그거) 어떻게 됐어?

03. 재밌게 놀고 있니?

04. 지금까진 아주 좋아.

05. 우리 전에 만난 적 있나요?

06. 처음 봬요.

07. 너희 둘 인사 나눴니?

08. 둘이 좀 친해졌니?

09. 저를 아세요? / 제가 아는 분인가요?

10. 얘기 정말 많이 들었어요.

Answers p.343

취미로 뭘 하세요?

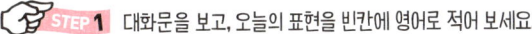 대화문을 보고, 오늘의 표현을 빈칸에 영어로 적어 보세요.

Teresa 취미로 뭘 하세요?
Ben 저는 꽃꽂이해요.
Teresa 하하, 정말 재밌네요!
Ben 그게 왜 웃기죠?
Teresa 아, 진담이셨군요. 전 농담하시는 줄 알고.

 MP3파일을 듣고, 자신의 답이 맞으면 네모 칸에 체크하세요.

STEP 3 정답과 설명을 확인하세요.

What do you do for fun?

소개팅을 할 때 가장 식상한 질문 중 하나가 "취미가 뭐예요?"이죠. 우리나라 사람들은 대부분 이 표현을 영어로 What's your hobby?라고 하지만 실제 네이티브들이 즐겨 쓰는 표현은 What do you do for fun?이에요. What are your interests?라고 묻는 경우도 많고요. 물론 hobby라는 단어를 사용해서 질문할 수도 있지만, 그 경우에는 주로 복수를 써서 What are your hobbies?라고 합니다.

Teresa **What do you do for fun?**
Ben   I do flower arrangements.
Teresa Haha, that's a good one!
Ben   Why is that funny?
Teresa Oh, you were serious. I thought you were making a joke.

STEP 4 위 대화문을 보고, MP3파일을 들으면서 따라 말해 보세요.

UNIT 022

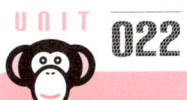

여긴 어쩐 일이야?

STEP 1 대화문을 보고, 오늘의 표현을 빈칸에 영어로 적어 보세요.

Henry 올리비아! 여긴 어쩐 일이야?

Olivia 너랑 같아. 영어공부 하러 왔지.

Henry 난 네가 이미 영어를 완벽하게 하는 줄 알았는데.

Olivia 너보다 조금 나을지는 모르지만, 완벽하다고 하기엔 아직 많이 부족해.

STEP 2 MP3파일을 듣고, 자신의 답이 맞으면 네모 칸에 체크하세요. □

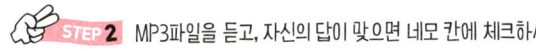

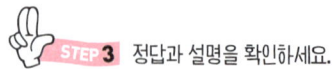 STEP 3 정답과 설명을 확인하세요.

What brings you here?

"여긴 어쩐 일이야?"라고 묻고 싶을 때 간단하게 Why are you here?이라고 말할 수도 있겠지만, 이 표현은 "너 여기 왜 왔어?" 하는 뉘앙스를 담고 있어서 상대방이 기분 나쁘게 받아들일 수 있어요. 그러니 앞으로는 What brings you here?이란 표현으로 부드럽고 기분 좋게 질문해 주세요. 이 질문에 대한 대답은 달리 정해진 것은 없고 그곳에 오게 된 이유를 I came here to ~. 또는 I'm here to ~. 형식을 빌어 설명하면 된답니다.

Henry Olivia! **What brings you here?**
Olivia Same as you. I'm here to study English.
Henry I thought you were already perfect at English.
Olivia I may be a little better than you, but I'm far from perfect.

 STEP 4 위 대화문을 보고, MP3파일을 들으면서 따라 말해 보세요.

너 왔구나. / 네가 해냈어.

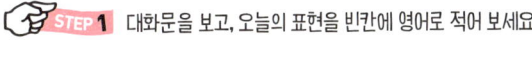 대화문을 보고, 오늘의 표현을 빈칸에 영어로 적어 보세요.

Charlie   멜리사! 정말 정말 미안!

Melissa   야, 너 왔구나! 아예 안 오는 것보다는 늦게라도 오는 게 낫지.

Charlie   오래 기다리게 한 게 아니었음 좋겠는데.

Melissa   겨우…… 2시간 정도밖에 안 기다렸어. 괜찮아.

 MP3파일을 듣고, 자신의 답이 맞으면 네모 칸에 체크하세요.

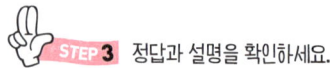 STEP 3 정답과 설명을 확인하세요.

You made it.

이 표현은 상대방이 쉽지 않은 일을 마침내 해냈을 때 "네가 해냈구나!" 하고 말하는 경우, 그리고 어려운 상황임에도 불구하고 어딘가에 와 주었을 때 "네가 드디어 왔구나!"라고 할 때 주로 쓰입니다. 쉬워 보이는 문장이지만 적절한 상황에서 정확한 의미로 쓰려면 어려울 수 있어요. 따라서 이 표현이 쓰인 대화문을 최대한 많이 찾아보고 어떤 상황에서 어떤 의미로 쓰이는지 실전 감각을 길러 보세요.

Charlie Melissa! I'm so so sorry!

Melissa Hey, **you made it!** Better late than never.

Charlie I hope you weren't waiting too long.

Melissa Only… 2 hours or so. No big deal.

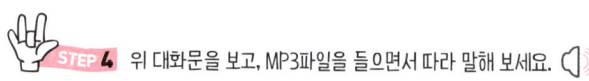 STEP 4 위 대화문을 보고, MP3파일을 들으면서 따라 말해 보세요.

늦어서 미안해.

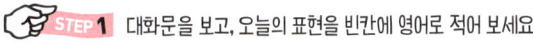 대화문을 보고, 오늘의 표현을 빈칸에 영어로 적어 보세요.

Janice 늦어서 미안해.

Larry   뭐야, 화장하는 데 한 시간이나 걸린 거야?

Janice 실은, 우리 할아버지가 아프셔서 병원에 다녀오느라.

Larry   오…… 저런, 안됐구나.

 MP3파일을 듣고, 자신의 답이 맞으면 네모 칸에 체크하세요.

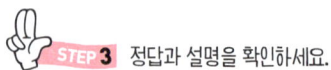 STEP 3 정답과 설명을 확인하세요.

Sorry I'm late.

"늦어서 미안해."를 갑자기 영어로 말하려고 하면 잘 생각나지 않을 수도 있어요. 그럴 때를 대비해서 이 표현을 외워 두세요. 물론 I'm sorry because I'm late.이라고 해도 되지만, 짧게 Sorry I'm late.이라고 하면 되는데 굳이 길게 말할 필요는 없겠죠? 평상시에 자연스럽게 영어를 구사하려면 이렇게 상황에 맞는 간결한 표현들을 많이 알아 두는 게 좋답니다.

Janice **Sorry I'm late.**

Larry What were you doing, putting on makeup for an hour?

Janice Actually, my grandfather is sick so I was at the hospital.

Larry Oh… well, I'm sorry to hear that.

 STEP 4 위 대화문을 보고, MP3파일을 들으면서 따라 말해 보세요.

어디 갔다 온 거니?

STEP 1 대화문을 보고, 오늘의 표현을 빈칸에 영어로 적어 보세요.

Mindy 너로구나. 어디 갔었어?

George 하루 종일 집에 있었는데.

Mindy 왜 전화 안 했어?

George 내가 전화했어야 하는 건가?

Mindy 이런 젠장, 너 내 남자친구 아니니? 남자친구라면 매일 전화해야 하는 거라고!

STEP 2 MP3파일을 듣고, 자신의 답이 맞으면 네모 칸에 체크하세요.

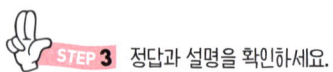 STEP 3 정답과 설명을 확인하세요.

Where have you been?

찾고 있는 상대방이 잠깐 안 보였다가 나타난 경우에는 Where were you?(너 어디에 있었니?)라고 하는 경우가 많아요. 하지만 오전이나 오후 내내 혹은 온종일 안 보이다 나타났을 경우에는 Where have you been?을 씁니다. 물론 그 차이가 명확한 것은 아니지만 뉘앙스로 봤을 때는 Where have you been?이 더 긴 시간을 나타내는 것으로 느껴진답니다.

Mindy There you are! **Where have you been?**

George I've been home all day.

Mindy Why didn't you call me?

George Was I supposed to call you?

Mindy Aren't you my boy friend, for God's sake? You are supposed to call me every day!

 STEP 4 위 대화문을 보고, MP3파일을 들으면서 따라 말해 보세요.

잠깐 실례할게요.
(잠시 자리를 비울 때)

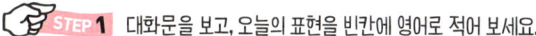

Holly 정말 아름다운 밤이야.

Jarod 맞아, 멋진 밤이야.

Holly 지금 이 순간 너무 황홀해.

Jarod 미안, 잠깐 실례할게.

Holly 자기야, 어디 가는데?

Jarod 화장실에 좀 가려고.

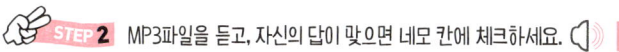

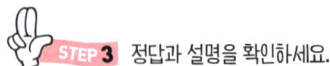 STEP 3 정답과 설명을 확인하세요.

Excuse me for a second.

둘이서 이야기를 나누다가 혹은 여러 명과 함께 미팅을 하는 도중에 잠시 화장실을 가거나 전화를 받으러 나갈 때 "잠깐 실례할게요."라는 말을 영어로는 Excuse me for a second.이라고 합니다. 이 경우, 그냥 짧게 Excuse me.라고만 하면 "다시 한 번 말해 주세요." 혹은 "저는 다른 의견이 있는데요."라는 의미로 오해할 수 있으니 꼭 뒤에 for a second을 붙여 주세요.

Holly　What a beautiful evening.
Jarod　Yeah, it's a nice evening.
Holly　Nothing is better than this moment.
Jarod　I'm sorry, but **excuse me for a second**.
Holly　Where are you going, honey?
Jarod　I've got to go to the bathroom.

 STEP 4 위 대화문을 보고, MP3파일을 들으면서 따라 말해 보세요.

또 봐. / 잘 가.

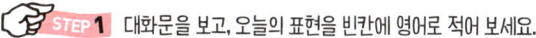

Fiona 굉장한 경기였어!

Barry 맞아, 막판까지 정말 초박빙이었어!

Fiona 자, 이제 집에 가자. 내일 전화할게, 괜찮지?

Barry 좋아. 또 봐, 피오나.

Fiona 잘 가!

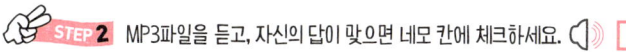

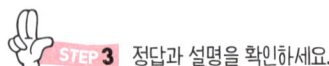 STEP 3 정답과 설명을 확인하세요.

See you.

"다음에 또 봐!"라고 인사할 때 쓰는 많은 표현 중 가장 짧고 간결한 표현이에요. 같은 상황에서 See you later. 나 See you again. 도 물론 쓸 수 있어요. "그럼 그때 봐."라고 할 때는 See you then. "오며 가며 또 보자."라고 할 때는 See you around. 라는 표현도 사용하니 같이 알아 두세요. 가끔 말장난을 좋아하는 사람들은 See you later alligator. 라고 하기도 하는데 의미는 See you. 와 같습니다.

Fiona   What a great game!
Barry   Yeah, it was close till the end!
Fiona   Well, let's get going. I'll call you tomorrow, ok?
Barry   Sounds great. **See you**, Fiona.
Fiona   **See you!**

 STEP 4 위 대화문을 보고, MP3파일을 들으면서 따라 말해 보세요.

좋은 하루 보내요. / 잘 가. / 잘 자.

STEP 1 대화문을 보고, 오늘의 표현을 빈칸에 영어로 적어 보세요.

Denise   근사한 데이트 고마웠어, 토드.

Todd   뭘. 나도 정말 즐거웠어.

Denise   우리 이번 주 일요일에 또 볼까?

Todd   좋아! 그럼, 일요일에 봐.

Denise   좋은 하루 보내, 토드.

Todd   너도.

STEP 2 MP3파일을 듣고, 자신의 답이 맞으면 네모 칸에 체크하세요.

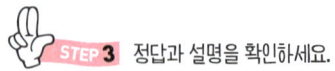 **STEP 3** 정답과 설명을 확인하세요.

Have a good one.

"좋은 하루 보내!"라는 인사로 우리에게 익숙한 표현은 Have a good day!죠. 이 표현도 상황에 맞는 좋은 표현이지만 실제 원어민들이 인사할 때 보면 문장 끝에 a good day보다는 one을 쓰는 경우가 많습니다. 여러분도 한번 Have a good one!이라고 인사해 보세요. 평소에 안 쓰던 표현이라 처음엔 어색할 수 있지만 일단 쓰기 시작하면 표현력이 풍성해진 느낌이 들면서 뿌듯할 거예요.

Denise Thanks for an amazing date, Todd.
Todd   No problem. I had a really fun time, too.
Denise How about we meet again this Sunday?
Todd   That sounds great! Well, I'll see you Sunday.
Denise **Have a good one**, Todd.
Todd   You too.

 **STEP 4** 위 대화문을 보고, MP3파일을 들으면서 따라 말해 보세요.

UNIT 029

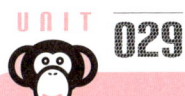

몸 잘 챙겨. / 몸 조심해.

STEP 1 대화문을 보고, 오늘의 표현을 빈칸에 영어로 적어 보세요.

(전화 통화)

Orlando 음…… 제스…… 할 말이 있는데.

Jess 뭔데, 올랜도?

Orlando 내일 못 만날 것 같아. 감기 기운이 있어서. 몸이 많이 안 좋네.

Jess 오, 그래, 몸 잘 챙겨.

STEP 2 MP3파일을 듣고, 자신의 답이 맞으면 네모 칸에 체크하세요. ☐

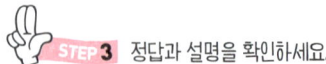 정답과 설명을 확인하세요.

Take care of yourself.

'~을 돌보다'라는 의미로 take care of something을 쓰죠. 여기에서 something의 자리에 yourself를 넣으면 '네 몸을 잘 돌보다'라는 의미, 곧 '몸 조심해, 몸 잘 챙겨'라는 뜻이 됩니다. 그런데 이 표현은 일상회화에서 생각보다 더 자주 쓰이는데 그 이유는 헤어질 때 Bye.나 See you. 대신 이 표현으로 인사하는 경우가 많아서예요. 짧게 Take care!라고 쓸 수도 있어요.

(on the phone)

Orlando Um… Jess… I have something to tell you.

Jess What is it, Orlando?

Orlando I can't meet tomorrow. I think I caught a cold or something. I feel terrible.

Jess Oh, well, **take care of yourself**.

 위 대화문을 보고, MP3파일을 들으면서 따라 말해 보세요.

연락하고 지내자.

STEP 1 대화문을 보고, 오늘의 표현을 빈칸에 영어로 적어 보세요.

Rosemary 와 줘서 고마워.

Hank 아냐 뭘. 언제든 도움이 필요하면, 전화해.

Rosemary 그래, 또 고장 나는 거 있으면, 바로 전화할게.

Hank 꼭 그렇게 하길 바랄게. 연락하고 지내자.

STEP 2 MP3파일을 듣고, 자신의 답이 맞으면 네모 칸에 체크하세요.

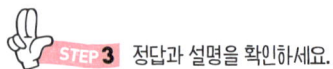 STEP 3 정답과 설명을 확인하세요.

Don't be a stranger.

졸업을 하거나 회사를 옮기거나 멀리 이사를 가는 경우와 같이 오랫동안 헤어져 지내게 되는 상황에 "우리 계속 연락하고 지내자."라고 말하는 것을 영어로는 Don't be a stranger.라고 합니다. 연락을 잘 하지 않고 지내게 되면 서로 어색해지니까 '낯선 사람'이 되지 말자는 의미로 쓰는 표현이지요. 같은 상황에서 Keep in touch.도 자주 쓰이는 표현인데 종종 약어로 K.I.T.라고 쓰기도 해요.

Rosemary   Thanks for coming over.

Hank   No problem. Anytime you need help, just give me a call.

Rosemary   Well, if anything else breaks, I'll call you right away.

Hank   I'll hold you to it. **Don't be a stranger.**

 STEP 4 위 대화문을 보고, MP3파일을 들으면서 따라 말해 보세요.

 지금까지 배운 표현들을 영어로 적어 보세요.

01. 취미로 뭘 하세요?

___

02. 여긴 어쩐 일이야?

___

03. 너 왔구나. / 네가 해냈어.

___

04. 늦어서 미안해.

___

05. 어디 갔다 온 거니?

___

06. 잠깐 실례할게요. (잠시 자리를 비울 때)

___

07. 또 봐. / 잘 가.

___

08. 좋은 하루 보내요. / 잘 가. / 잘 자.

___

09. 몸 잘 챙겨. / 몸 조심해.

___

10. 연락하고 지내자.

___

Answers p.343

CHAPTER
04
UNIT 031~040

여기 있어요.

STEP 1 대화문을 보고, 오늘의 표현을 빈칸에 영어로 적어 보세요.

Boss 기업 인수 업무 담당자가 누구죠?

Gene 접니다.

Boss 상황 보고서 가지고 있나요?

Gene <u>여기 있습니다.</u> 승인해 주시면 제출하겠습니다.

Boss 좋아요. 다 읽고 나서 부를게요.

STEP 2 MP3파일을 듣고, 자신의 답이 맞으면 네모 칸에 체크하세요.

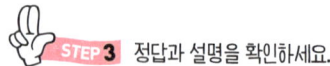 정답과 설명을 확인하세요.

Here you go.

상대방과 대화를 나누다가 상대방이 특정 물건을 건네받길 기대하고 있거나 자신이 전해 주려는 물건이 있을 때 그것을 주면서 "자, 여기요.", "여기 있어요."라고 할 때 쓰는 표현입니다. 때때로 같은 상황에서 Here you are.라고 하는 경우도 있으니 당황하지 마세요. Here you go.의 단어 순서를 바꾸거나 you를 I로 바꾸지 않도록 주의하세요.

Boss Who's in charge of the acquisition account?
Gene I am, sir.
Boss Do you have the progress report?
Gene **Here you go.** I'll submit it after your approval.
Boss Very good. I'll get back to you after I'm done reading it.

 위 대화문을 보고, MP3파일을 들으면서 따라 말해 보세요.

바로 그거야.
/ 그래 그렇게 하는 거야.

STEP 1 대화문을 보고, 오늘의 표현을 빈칸에 영어로 적어 보세요.

Christy 스쾃 제대로 하는 방법을 보여 주실 수 있나요?

Bruce 네, 보여 줄게요. 제가 하는 대로 따라 하세요.

Christy 이렇게 하면 되나요?

Bruce 아니요, 등을 곧게 펴야 해요.

Christy 이번에는 제대로 하고 있나요?

Bruce <u>바로 그거예요!</u> 훨씬 더 좋아 보이네요!

STEP 2 MP3파일을 듣고, 자신의 답이 맞으면 네모 칸에 체크하세요.

There you go.

상대방에게 무엇을 가르치거나 무엇을 제대로 해내기를 원하는 상황에서 상대방이 그 일을 마침내 해냈을 때 외치는 한마디입니다. 비슷한 의미의 표현 중 아이들에게 주로 쓰는 표현이 있는데요. 바로 Attaboy!랍니다. 원래는 That's a good boy!인데 That a boy!로 줄여 말하다가 더 짧게 Atttaboy!로 쓰게 된 표현이라고 해요. 여자아이를 칭찬할 경우에는 Attagirl!이라고 합니다.

Christy Would you show me how to do squats correctly?

Bruce Yes, I would. Do exactly what I do.

Christy Is this how you do it?

Bruce No, do it with your back straight.

Christy Am I doing it right this time?

Bruce **There you go!** That's more like it!

UNIT 033

거기 있었구나.

STEP 1 대화문을 보고, 오늘의 표현을 빈칸에 영어로 적어 보세요.

Flora 잭! 거기 있었구나. 너 찾느라 사방을 다 뒤지고 다녔어.

Zack 미안해, 플로라, 뭘 좀 사느라고.

Flora 정말? 뭘 샀는데?

Zack 어…… 이거.

Flora 그거…… 나 주려고 산 선물이야? 잭. 네가 최고야!

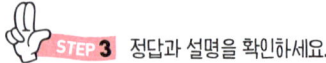 STEP 3 정답과 설명을 확인하세요.

There you are.

누군가를 찾는데 한참을 안 보이다가 마침내 찾게 되었을 때 "거기 있었구나!" 하고 외치는 표현이에요. "여기 있었구나."라고 할 때는 Here you are.라고 하면 됩니다. 상대방이 약간 멀리 있을 경우엔 there라고 하고 가까이 있으면 here라고 하겠지만, 사실 이 두 표현은 별 차이 없이 쓰이고 있답니다. Unit 32에서 배웠던 There you go.와는 의미 자체가 다르기 때문에 헷갈리지 않도록 주의하세요.

Flora   Zack! **There you are.** I was looking all over for you.
Zack   Sorry, Flora, I was buying something.
Flora   Really? Buying what?
Zack   Um… this.
Flora   Is that… a gift for me? Zack. You are the best!

 STEP 4 위 대화문을 보고, MP3파일을 들으면서 따라 말해 보세요.

그게 다야. / 바로 그거야.

STEP 1 대화문을 보고, 오늘의 표현을 빈칸에 영어로 적어 보세요.

Trisha 돈 좀 빌릴 수 있을까?

Nick 글쎄, 얼마나?

Trisha 100달러 정도.

Nick 나 지금 가진 게 20달러뿐인데.

Trisha 진짜 그것밖에 안 돼?

Nick 그래, <u>그게 다야</u>! 그게 내가 가진 전부야.

STEP 2 MP3파일을 듣고, 자신의 답이 맞으면 네모 칸에 체크하세요.

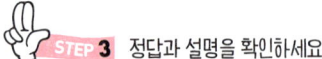 정답과 설명을 확인하세요.

That's it.

상대방이 무언가를 요구하거나 더 이상 필요한 것이 없냐고 물어올 때 "그게 다예요."에 해당하는 표현이에요. 같은 상황에서 That's all. 또는 That's all I have.라고 할 수도 있어요. That's it.은 정확하게 정곡을 찔렀을 때 "바로 그거야."라는 의미로 쓰이기도 해요. That's what I'm talking about.(내가 말하려던 게 바로 그거야.)이라는 표현과 의미가 일맥상통합니다.

Trisha   Can I borrow some money?
Nick   Well, how much?
Trisha   About $100.
Nick   I only have $20 on me.
Trisha   Are you sure that's all you have?
Nick   Yes, **that's it!** That's all I have.

 위 대화문을 보고, MP3파일을 들으면서 따라 말해 보세요.

바로 이거야. / 바로 여기야. / 바로 지금이야.

 대화문을 보고, 오늘의 표현을 빈칸에 영어로 적어 보세요.

Helen 너의 고등학교 졸업앨범을 보게 되다니 기대되는걸.

Eric 너무 기대하진 마. 자, 바로 이거야.

Helen 우와, 너 멋졌구나. 영화배우 같은데.

Eric 정말 그렇게 생각해?

Helen 완전히! 근데 지금은 왜 이 모양이니?

Eric 하하. 참 웃기다.

 MP3파일을 듣고, 자신의 답이 맞으면 네모 칸에 체크하세요.

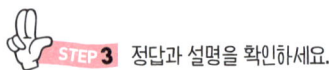 STEP 3 정답과 설명을 확인하세요.

This is it.

상대방이 내가 무언가 보여 주거나 들려주길 기대하고 있을 때 그것을 꺼내면서 하는 말이에요. 기대감이 상승했을 때 '짜잔' 하는 느낌으로 말하는 것이죠. This is it!(바로 이거야!)이라는 것은 This is what I wanted to show you.(이것이 바로 내가 보여 주고 싶었던 거야.)라는 의미죠. 상황에 따라서 This is it.은 "바로 여기야.", "바로 지금이야."라는 의미로도 쓰입니다.

Helen I'm excited to see your year-book from high school.
Eric Don't get your hopes up. Well, **this is it.**
Helen Wow, you were a stud. You look like a movie star.
Eric Do you really think so?
Helen Totally! But what happened to you?
Eric Haha. Very funny.

 STEP 4 위 대화문을 보고, MP3파일을 들으면서 따라 말해 보세요.

우리 다 왔어?

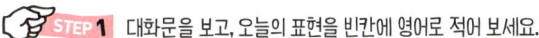 STEP 1 대화문을 보고, 오늘의 표현을 빈칸에 영어로 적어 보세요.

Timmy 배고파요! 당장 간식 주세요!

Mom 할머니 집에 도착할 때까지만 좀 참아.

Timmy 우리 다 왔어요?

Mom 몇 마일만 더 가면 돼.

 STEP 2 MP3파일을 듣고, 자신의 답이 맞으면 네모 칸에 체크하세요.

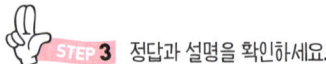 정답과 설명을 확인하세요.

Are we there yet?

아이들이 부모님과 자동차로 여행을 갈 때 보통 처음에는 신나서 잘 놀다가 어느 정도 시간이 지나면 지쳐서 도대체 언제 목적지에 도착하느냐고 재촉하기 시작하죠. 그렇게 재촉하면서 하는 말이 바로 Are we there yet?(우리 다 왔어요?)이에요. 이럴 때는 '도착하다'의 의미의 동사 arrive를 쓰지 않고 이 표현을 사용해요. 아이들이 나오는 영화에 항상 등장하는 단골 대사지요.

Timmy I'm hungry! I want a snack now!
Mom Just be patient until we get to grandma's house.
Timmy **Are we there yet?**
Mom Only a few more miles.

 위 대화문을 보고, MP3파일을 들으면서 따라 말해 보세요.

다 왔어. / 여기야.

STEP 1 대화문을 보고, 오늘의 표현을 빈칸에 영어로 적어 보세요.

Kristi   아, 어디 가는 건지 얘기해 주면 안 돼?

Xavier   비밀이야. 조금만 더 기다려 줘.

Kristi   나 떨려!

Xavier   자…… 다 왔어.

Kristi   사비에르! 여기 우리가 처음 만났던 곳이잖아!

Xavier   기념일 축하해, 자기야.

STEP 2 MP3파일을 듣고, 자신의 답이 맞으면 네모 칸에 체크하세요.

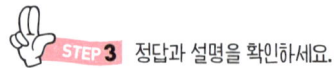

STEP 3 정답과 설명을 확인하세요.

Here we are.

상대방이 모르고 있는 곳으로 데려가는 상황에서 마침내 목적지에 도착했을 때 "여기야.", "다 왔어."라고 하는 말입니다. Unit 31에 나왔던 Here you go. / Here you are.와 마찬가지로 상대방에게 어떤 물건이나 장소 등을 보여 주면서 쓰는 표현이기 때문에 모두 같은 상황에서 쓸 수 있어요. 하지만 Here we are.에서는 we가 들어가면서 '우리'가 같이 기대하고 있었다는 느낌을 주기 때문에 어감에 차이가 있답니다.

Kristi Oh, why don't you tell me where we're going?

Xavier It's a secret. Just hang on another moment.

Kristi I'm so excited!

Xavier All right… and **here we are**.

Kristi Xavier! This is the place we first met!

Xavier Happy anniversary, sweetie.

STEP 4 위 대화문을 보고, MP3파일을 들으면서 따라 말해 보세요.

UNIT 038

또 시작이네.

 대화문을 보고, 오늘의 표현을 빈칸에 영어로 적어 보세요.

Gail   당신 맨날 집에 늦게 오는 거 이제 정말 지긋지긋해!

Denis 나 일 많은 거 당신 알잖아! 정말 중요한 프로젝트 마감이 얼마 안 남았다고!

Gail   딴 여자 만나느라 그러는 건 아니고?

Denis 아, 또 시작이네. 만나는 여자 없어!

Gail   집에 들어오지를 않으니 내가 어떻게 알겠어!

Denis 돌아버리겠네!

 MP3파일을 듣고, 자신의 답이 맞으면 네모 칸에 체크하세요.

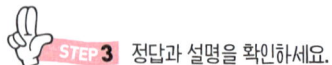 **STEP 3** 정답과 설명을 확인하세요.

Here we go again.

상대방이 맨날 늘어놓는 잔소리나 설교를 또다시 시작하려 할 때 "아 또 시작이네."라며 푸념 섞인 말로 하는 표현입니다. 때때로 again을 생략하고 Here we go.라고 하는 경우도 있어요. 중간에 있는 we를 you로 바꿔서 쓰면 안 되는지 묻는 경우가 있는데, 관용적인 표현이기 때문에 있는 그대로 써야 한답니다.

Gail   I'm tired of you getting home late every night!

Denis You know I have to work! We have a big project due!

Gail   Are you sure it's not because of another woman?

Denis Oh, **here we go again**. I'm not seeing another woman!

Gail   I wouldn't know since you're never home!

Denis I can't believe this!

 **STEP 4** 위 대화문을 보고, MP3파일을 들으면서 따라 말해 보세요.

별 말씀을. / 그런 말 마세요.

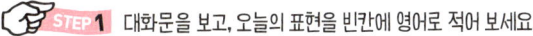

STEP 1 대화문을 보고, 오늘의 표현을 빈칸에 영어로 적어 보세요.

Evan 수지 씨, 이거 받아요. 당신 주려고 뭘 좀 사 왔어요.

Suzy 맙소사! 에반, 정말 예뻐요!

Evan 그냥 당신한테 작은 거라도 하나 주고 싶었어요.

Suzy 정말 고마워요! 당신은 정말 로맨틱해요.

Evan <u>별 말씀을.</u> 잘 썼으면 좋겠어요.

 STEP 2 MP3파일을 듣고, 자신의 답이 맞으면 네모 칸에 체크하세요.

STEP 3 정답과 설명을 확인하세요.

Don't mention it.

상대방이 고맙다고 할 때 그에 대한 대답으로 "뭐 별 말씀을." 하는 어감으로 쓰는 표현이에요. 우리는 주로 이 상황에서 You're welcome.(천만에요.)이라고 많이 말하죠. 그런데 You're welcome.만 쓰면 너무 식상하니까 다음에는 Don't mention it.이라고 말해 보세요. 그리고 Of course! / No problem! / Sure!과 같은 표현들도 써 보세요. 네가 고마워하는 게 당연하다는 뜻이 아니라 내가 도와줘야 마땅하다는 의미로 말이에요.

Evan   Here, Suzy, I got something for you.
Suzy   Oh my god! Evan, it's beautiful!
Evan   I wanted to get you a little something just because.
Suzy   Thank you so much! You're so sweet.
Evan   **Don't mention it.** I hope you enjoy it.

STEP 4 위 대화문을 보고, MP3파일을 들으면서 따라 말해 보세요.

천만에요. / 기꺼이 할게. / 만나서 반가워요.

STEP 1 대화문을 보고, 오늘의 표현을 빈칸에 영어로 적어 보세요.

Paul 에세이 숙제 도와줘서 고마워, 하이디.

Paul 천만에.

Paul 네가 도와주지 않았으면 나 스트레스 엄청 많이 받았을 거야.

Heidi 도움이 돼서 다행이야.

Paul 넌 완전 성녀 그 자체로구나, 하이디.

STEP 2 MP3파일을 듣고, 자신의 답이 맞으면 네모 칸에 체크하세요.

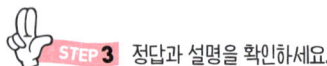
STEP 3 정답과 설명을 확인하세요.

My pleasure.

상대방이 고맙다고 할 때 그에 대한 대답으로 "천만에요.", "제가 기뻐서 한 거예요."라는 의미로 쓰는 표현이에요. Unit 39에서 배운 Don't mention it.을 포함한 여러 표현과 같은 의미로 쓰입니다. 이 표현은 때때로 "만나서 반가워요."라는 뜻으로 쓰일 때도 있고, 상대방이 무엇을 부탁할 때 "기꺼이 할게요.", "기꺼이 도와드리죠."라는 의미로 쓰이기도 해요.

Paul   Thanks for helping me with my paper, Heidi.

Heidi **My pleasure.**

Paul   If it weren't for you, I would have been so stressed out.

Heidi I'm glad I could help.

Paul   You are basically a saint, Heidi.

STEP 4 위 대화문을 보고, MP3파일을 들으면서 따라 말해 보세요.

 **POP QUIZ** 지금까지 배운 표현들을 영어로 적어 보세요.

01. 여기 있어요.

---

02. 바로 그거야. / 그래 그렇게 하는 거야.

---

03. 거기 있었구나.

---

04. 그게 다야. / 바로 그거야.

---

05. 바로 이거야. / 바로 여기야. / 바로 지금이야.

---

06. 우리 다 왔어?

---

07. 다 왔어. / 여기야.

---

08. 또 시작이네.

---

09. 별 말씀을. / 그런 말 마세요.

---

10. 천만에요. / 기꺼이 할게. / 만나서 반가워요.

Answers p.343

CHAPTER

05

UNIT
041~050

어떻게 감사를 드려야 할지 모르겠네요.

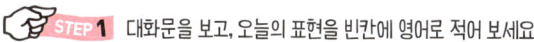 대화문을 보고, 오늘의 표현을 빈칸에 영어로 적어 보세요.

Rita 이번 달 월세 낼 돈이 없어. 완전 절망이야.

Martin 필요하면 내가 좀 빌려줄 수 있는데.

Rita 정말? 그렇게 해 줄 수 있어?

Martin 돈을 갚기만 한다면야 빌려줄 수 있지.

Rita 당연히 갚을 거야. 정말 어떻게 감사해야 할지 모르겠는걸.

 MP3파일을 듣고, 자신의 답이 맞으면 네모 칸에 체크하세요.

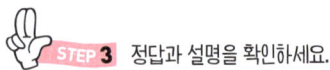 정답과 설명을 확인하세요.

I can't thank you enough.

상대방에게 아주 많이 고마울 때 쓰는 표현이에요. 고맙다고 말할 때 Thank you. 혹은 Thank you very much.라고만 하는 것이 식상하다면 이 표현도 추가해서 써 주세요. 우리말로도 "뭐라 감사의 말씀을 드려야 할지……."라고 많이 하죠? 이걸 영어로는 I don't know what to say.라고 하면 된답니다. I don't know how to thank you enough.라고 해도 좋고요.

Rita I can't pay my rent this month. My life is hopeless.

Martin I may be able to lend you some money if you want.

Rita Really? You would do that for me?

Martin Only if you promise to pay me back.

Rita Of course I will, Martin! **I can't thank you enough.**

 위 대화문을 보고, MP3파일을 들으면서 따라 말해 보세요.

이 정도쯤이야 당연히 해드려야죠.

STEP 1 대화문을 보고, 오늘의 표현을 빈칸에 영어로 적어 보세요.

Alan 내가 데려다줄게, 아이린.

Irene 아냐, 아냐. 택시 타면 돼. 걱정 마.

Alan 하지만 택시 타고 집에 가려면 돈이 엄청 많이 나올걸.

Irene 돈 충분히 있어. 너 가던 길 가, 난 정말 괜찮으니까.

Alan <u>이 정도쯤은 내가 해 줄 수 있어.</u> 이러지 마. 내가 데려다줄게.

Irene 그럼, 알았어.

STEP 2 MP3파일을 듣고, 자신의 답이 맞으면 네모 칸에 체크하세요.

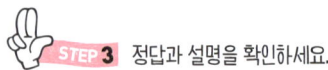 STEP 3 정답과 설명을 확인하세요.

It's the least I can do.

상대방에게 호의를 베풀려고 하는데 상대방이 괜찮다며 거절할 때 "제가 많이는 못 도와드려도 최소한 이 정도쯤은 당연히 해드려야죠."라는 어감으로 이렇게 표현합니다. 평상시 잘 몰랐던 표현이죠? 알아 두면 유용하게 쓸 수 있을 거예요. 발음할 때는 least(적어도, 최소한)를 특별히 강조해서 발음하면 느낌이 잘 살 거예요.

Alan Let me take you home, Irene.

Irene No, no. I can get a taxi. Don't worry.

Alan But a taxi will cost a ton to go to your house.

Irene I can afford it. You go on and I'll be ok.

Alan **It's the least I can do.** Come on. I'll take you home.

Irene Well, all right.

 STEP 4 위 대화문을 보고, MP3파일을 들으면서 따라 말해 보세요.

칭찬을 들으니 기분 좋네요. / 영광입니다. / 과찬이세요.

 대화문을 보고, 오늘의 표현을 빈칸에 영어로 적어 보세요.

Tad 와, 그레첸, 너 오늘 정말 예쁘다!

Gretchen 오, 고마워, 태드.

Tad 너처럼 머리도 좋은 애가 어떻게 이렇게 예쁘기까지 하니?

Gretchen 칭찬을 들으니 기분이 좋긴 하네. 그런데 자꾸 그러니까 왠지 좀 어색하다.

 MP3파일을 듣고, 자신의 답이 맞으면 네모 칸에 체크하세요.

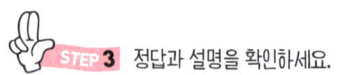 정답과 설명을 확인하세요.

I'm flattered.

"칭찬을 들으니 기분 좋네요.", "과찬이세요."라고 말할 때 쓰는 표현이에요. flatter는 원래 '아첨하다'라는 의미의 동사인데 I'm flattered.를 직역하면 "내가 아첨을 받았다."가 되고, 결국 "과찬을 받으니 어쩔 줄 모르겠다."는 뜻이 됩니다. 그런데 이 표현을 쓸 때는 뒤에 but이 따라오는 경우가 많아요. 칭찬해 주니 기분이 좋긴 한데 뭔가 찜찜하다는 흐름의 대화에서 자주 쓰이기 때문이죠.

Tad　　　 Whoa, Gretchen, you look amazing today!

Gretchen　 Oh, thanks, Tad.

Tad　　　 How can a person so smart like you be this beautiful at the same time?

Gretchen　 **I'm flattered.** But you are making me feel awkward.

 위 대화문을 보고, MP3파일을 들으면서 따라 말해 보세요.

UNIT 044

덕분에 오늘 정말 기분 좋네요!

STEP 1 대화문을 보고, 오늘의 표현을 빈칸에 영어로 적어 보세요.

Manny 오늘 스트레스 많이 받았을 텐데, 제가 저녁 사 주면 어떨까요?

Janet 와, 고마워요, 매니 씨.

Manny 신라호텔 뷔페 레스토랑에 가는 거 어때요?

Janet 오, 매니, 당신 덕분에 오늘 기분 좋네요!

STEP 2 MP3파일을 듣고, 자신의 답이 맞으면 네모 칸에 체크하세요.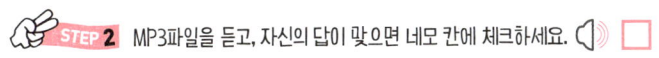

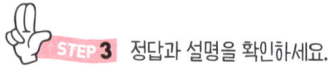 STEP 3 정답과 설명을 확인하세요.

You made my day!

이 표현을 직역하면 "네가 나의 하루를 만들었어."인데 조금 더 자연스러운 의미를 유추해 보면 "너로 인해 나의 하루가 완성되었어.", "네가 나의 날을 만들어 줬어." 정도의 의미가 되겠죠. 가장 자연스럽게 해석하면 "덕분에 오늘 기분이 정말 좋았다."는 의미입니다. 보통 기분이 좀 우울한 상황에서 누군가가 나에게 호의를 베풀거나 기분 좋은 언행을 했을 때 쓰게 되는 표현이랍니다.

Manny   I know today's been stressful, so I was thinking maybe I should take you out to dinner.

Janet   Wow, thank you, Manny.

Manny   How does the buffet restaurant at Hotel Shilla sound to you?

Janet   Oh, Manny, **you made my day!**

 STEP 4 위 대화문을 보고, MP3파일을 들으면서 따라 말해 보세요.

UNIT 045

칭찬으로 들을게.

STEP 1. 대화문을 보고, 오늘의 표현을 빈칸에 영어로 적어 보세요.

Ralph 우와, 신발 좀 보게. 네 신발…… 글쎄, 뭐라고 해야 할까, 화려하다.

Olive 무슨 뜻이야? 이상해 보인다는 거야?

Ralph 아니, 너한테 딱이라고.

Olive 칭찬으로 들을게.

STEP 2. MP3파일을 듣고, 자신의 답이 맞으면 네모 칸에 체크하세요.

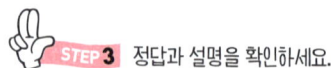

STEP 3 정답과 설명을 확인하세요.

I'll take that as a compliment.

상대방이 하는 말이 칭찬인지 욕인지 정확하게 알 수 없을 때는 정신 건강을 위해 웬만하면 좋게 생각하는 게 낫겠죠? 그럴 때는 바로 위의 표현을 쓰면서 "칭찬으로 들을게."라고 하면 됩니다. compliment는 '칭찬'이란 의미인데 철자도 비슷하고 발음도 같은 complement라는 단어와 혼동하는 경우가 있어요. complement는 무엇인가를 보완하거나 더 좋게 덧붙인다는 의미의 단어니까 잘 구분해서 써 주세요.

Ralph Wow, look at your shoes. Your shoes look… well, how should I put it, fancy.

Olive What does that mean? Do they look weird?

Ralph No, that's so you.

Olive I guess **I'll take that as a compliment.**

STEP 4 위 대화문을 보고, MP3파일을 들으면서 따라 말해 보세요.

뭘 이런 것까지. / 안 그래도 되는데.

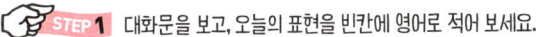
대화문을 보고, 오늘의 표현을 빈칸에 영어로 적어 보세요.

Lance 네 생일 선물이야.

Gabby 와! 내 생일까지 다 기억해 주다니.

Lance 당연히 기억하지.

Gabby <u>뭘 이런 것까지.</u> 이 선물 완전 내가 갖고 싶었던 거야!

Lance 잘 써라.

 MP3파일을 듣고, 자신의 답이 맞으면 네모 칸에 체크하세요.

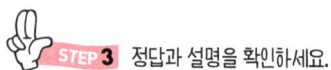 STEP 3 정답과 설명을 확인하세요.

You shouldn't have.

선물을 받을 때 겸연쩍으니까 "뭘 이런 것까지 가져오셨어요."라고 하잖아요? 그럴 때 쓰는 영어표현이 바로 You shouldn't have. 랍니다. 뒤에 뭔가 더 나와야 할 것 같지만 아무것도 덧붙이지 않고 이대로 쓰는 것이 가장 자연스러워요. 원래 의미는 "넌 이러지 말았어야 했어."이기 때문에 뒤에 내용을 덧붙여서 일반 문장으로 쓸 때는 부정적인 뉘앙스로 쓰이기도 해요. 하지만 지금과 같은 상황에서는 긍정적으로 쓰였어요.

Lance   I got this for your birthday.
Gabby   Wow! I can't believe you remembered.
Lance   Of course I did.
Gabby   **You shouldn't have.** This is exactly what I wanted!
Lance   Enjoy it.

 STEP 4 위 대화문을 보고, MP3파일을 들으면서 따라 말해 보세요.

내가 한 번 빚졌네. / 너한테 한 번 빚졌네.

STEP 1 대화문을 보고, 오늘의 표현을 빈칸에 영어로 적어 보세요.

Eddy 새 프로젝트 맡아 줘서 고마워요.

Nelly 아니에요. 안 그래도 지금 많이 바쁘시잖아요.

Eddy 일이 정말 많긴 해요.

Nelly 이제 조금 여유가 생기셨으니 다행이에요.

Eddy 고마워요. 제가 한 번 빚졌네요.

STEP 2 MP3파일을 듣고, 자신의 답이 맞으면 네모 칸에 체크하세요.

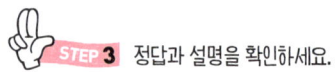

STEP 3 정답과 설명을 확인하세요.

I owe you one.

누군가에게서 도움을 받을 때 고마워서 "이 은혜는 잊지 않을게."라고 하는 말을 영어로는 I owe you one.이라고 해요. "내가 너한테 한 번 빚졌으니 나중에 꼭 갚을게."라고 해석할 수도 있겠네요. '빚지다'라는 의미의 동사 owe를 가끔 '소유하다'란 뜻의 단어 own과 혼동하는 경우가 있는데 두 단어는 완전 다른 의미이니 헷갈리지 않도록 하세요.

Eddy   Thanks for taking on the new project.
Nelly   No problem. You've got enough going on right now.
Eddy   I'm up to my eyeballs in work.
Nelly   Now you have time to finish it.
Eddy   Thanks. **I owe you one.**

STEP 4 위 대화문을 보고, MP3파일을 들으면서 따라 말해 보세요.

잘됐다.
(상대방의 좋은 일에 대해)

STEP 1 대화문을 보고, 오늘의 표현을 빈칸에 영어로 적어 보세요.

Lawrence 누가 나한테 데이트 신청했는지 넌 전혀 예상 못할걸.

Beth 말도 안 돼. 설마 위트니?

Lawrence 맞아! 내일 저녁 같이 먹기로 했어.

Beth <u>잘됐다!</u> 즐거운 시간 보내길 바랄게.

Lawrence 나도 그랬으면 좋겠어!

STEP 2 MP3파일을 듣고, 자신의 답이 맞으면 네모 칸에 체크하세요.

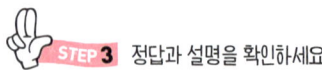 정답과 설명을 확인하세요.

Good for you.

상대방이 자신에 관한 좋은 소식을 알려 올 때 같이 좋아하면서 "잘됐다!"라고 말할 때 쓰는 표현이에요. 직역하면 "너를 위해 좋아."인데 이렇게 해석하면 왠지 모호한 의미가 되죠. 의미를 제대로 숙지해서 정확한 쓰임을 알고 써야 해요. I'm happy for you!도 "(네 일이) 잘돼서 기뻐!"라는 의미로 쓰이는 표현이니 같이 알아 두세요.

Lawrence   You'll never guess who asked me out.
Beth   No way. Whitney?
Lawrence   Totally! I'm taking her to dinner tomorrow.
Beth   **Good for you!** I hope you have fun.
Lawrence   Me too!

 위 대화문을 보고, MP3파일을 들으면서 따라 말해 보세요.

너 사귀는 사람 있니?

STEP 1 대화문을 보고, 오늘의 표현을 빈칸에 영어로 적어 보세요.

Bill 주디, 만나서 반가웠어요.

Judy 네, 저도 즐거웠어요.

Bill 저 근데 혹시…… 사귀는 사람 있어요?

Judy 지금 현재는 없어요. 왜요?

Bill 이번 주말에 저랑 영화 보실래요?

STEP 2 MP3파일을 듣고, 자신의 답이 맞으면 네모 칸에 체크하세요.

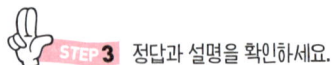 STEP 3 정답과 설명을 확인하세요.

Are you seeing anyone?

사귀는 사람이 있느냐고 물어볼 때 쓸 수 있는 영어표현은 아주 다양하답니다. 우선 모두가 아는 가장 쉬운 것은 Do you have a boyfriend/girlfriend?이죠. 하지만 "남자친구/여자친구 있어요?"는 아무래도 너무 대놓고 물어보는 것 같아서 Are you seeing anyone? / Are you dating anyone? / Are you in a relationship?과 같은 표현들이 많이 쓰인답니다.

Bill   Judy, it's been nice talking to you.

Judy   Yeah, it's been really good.

Bill   I was wondering… **are you seeing anyone?**

Judy   Not at the moment. Why?

Bill   You want to see a movie with me this weekend?

 STEP 4 위 대화문을 보고, MP3파일을 들으면서 따라 말해 보세요.

나랑 데이트할래?

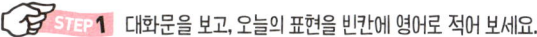

Stanley 당신은 정말 괜찮은 사람 같아요.

Lauren 당신도 정말 좋은 사람 같아요.

Stanley 그럼, 저랑 데이트 하실래요?

Lauren 글쎄요, 스탠리 씨. 당신은 제게 그냥 친오빠 같아요.

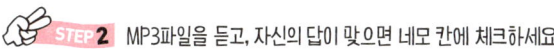

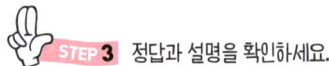 **STEP 3** 정답과 설명을 확인하세요.

Will you go out with me?

go out을 직역하면 단순히 '밖으로 나가다'이지만 이 조합은 데이트를 하러 나가는 것을 의미합니다. 좀 더 정확하게 알아 두려면 go out with someone이라고 외우는 게 좋아요. 그리고 현재진행형이 되면 서로 사귄다는 의미가 되는데요. 예를 들어, Are you going out with someone?은 "너 사귀고 있는 사람 있니?" Are they really going out? 은 "걔네들 정말 사귀고 있니?"라는 의미랍니다.

Stanley I think you're really great.

Lauren I think you're really great, too.

Stanley Well, **will you go out with me?**

Lauren I don't know, Stanley. I think of you as more of a brother.

 **STEP 4** 위 대화문을 보고, MP3파일을 들으면서 따라 말해 보세요.

01. 어떻게 감사를 드려야 할지 모르겠네요.

02. 이 정도쯤이야 당연히 해드려야죠.

03. 칭찬 들으니 기분 좋네요. / 영광입니다. / 과찬이세요.

04. 덕분에 오늘 정말 기분 좋네요!

05. 칭찬으로 들을게.

06. 뭘 이런 것까지. / 안 그래도 되는데.

07. 내가 한 번 빚졌네. / 너한테 한 번 빚졌네.

08. 잘됐다. (상대방의 좋은 일에 대해)

09. 너 사귀는 사람 있니?

10. 나랑 데이트할래?

Answers p.343

걔한테 데이트 신청했어?

STEP 1 대화문을 보고, 오늘의 표현을 빈칸에 영어로 적어 보세요.

Jill   제발 좀. 파티에서 자넷하고 어떻게 됐는지 얘기해 봐!

Buddy   아무 일도 없었어.

Jill   **걔한테 데이트 신청했어?**

Buddy   하려고 했는데…… 용기가 없어서 못했어.

STEP 2 MP3파일을 듣고, 자신의 답이 맞으면 네모 칸에 체크하세요.

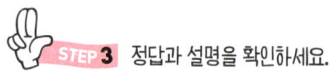 STEP 3 정답과 설명을 확인하세요.

Did you ask her out?

영어로 '데이트를 신청하다'라는 표현에는 date가 들어가지 않는답니다. ask someone out이 바로 '데이트를 신청하다'라는 의미로 쓰이는 표현인데, date를 넣어서 표현하고 싶다면 ask someone out on a date처럼 길게 쓸 수는 있어요. 예를 들어, I'm going to ask her out on a date.(난 그녀에게 데이트 신청을 할 거야.)라고 할 수는 있지만, 굳이 길게 말할 필요는 없겠죠.

Jill   Come on. Tell me what happened with Janet at the party!

Buddy   Nothing happened.

Jill   **Did you ask her out?**

Buddy   I… was going to, but I chickened out.

 STEP 4 위 대화문을 보고, MP3파일을 들으면서 따라 말해 보세요.

우리 헤어졌어.

STEP 1 대화문을 보고, 오늘의 표현을 빈칸에 영어로 적어 보세요.

Pete 주말 잘 보냈니?

Susan 아니, 별로.

Pete 왜? 짐하고 무슨 일 있었어?

Susan 응, 우리 헤어졌어.

Pete 아 정말 안타깝구나.

STEP 2 MP3파일을 듣고, 자신의 답이 맞으면 네모 칸에 체크하세요.

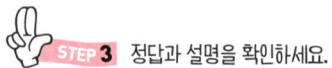 **STEP 3** 정답과 설명을 확인하세요.

We broke up.

연인 사이였다가 헤어졌을 때 쓰는 표현이에요. break가 '깨지다'라는 의미이니까 '관계가 깨졌다'라고 보면 되겠죠. 지금처럼 We broke up.이라고 하면 누가 먼저 헤어지자고 했는지 알 수 없는데, 누가 먼저 관계를 깼는지를 표현하려면 I broke up with Susan.(내가 수잔과 헤어지자고 했어.)처럼 헤어짐을 통보한 사람을 주어로 하고, 헤어짐을 통보받은 사람을 문장 끝에 with와 함께 써 주면 됩니다.

Pete   Did you have a good weekend?

Susan No, not really.

Pete   Why? Something happened with Jim?

Susan Yeah, **we broke up.**

Pete   I'm so sorry to hear it.

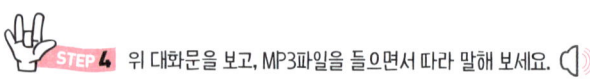 **STEP 4** 위 대화문을 보고, MP3파일을 들으면서 따라 말해 보세요.

나 차였어.

STEP 1 대화문을 보고, 오늘의 표현을 빈칸에 영어로 적어 보세요.

Edgar 너 마치 무슨 버스에 치이기라도 한 사람 같아 보여.

Reba 나 차였어.

Edgar 뭐 어쨌다고? 아, 속상하다.

Reba 게다가 그 애가 문자로 헤어지자고 통보해 왔어!

Edgar 그건 정말 아니다!

STEP 2 MP3파일을 듣고, 자신의 답이 맞으면 네모 칸에 체크하세요.

STEP 3 정답과 설명을 확인하세요.

I got dumped.

연인과의 헤어짐을 표현할 때 일상적으로 가장 많이 쓰는 표현은 break up이고 더욱 부정적인 감정을 실어서 '찼다, 차였다'라고 말할 때는 dump라는 동사를 써서 표현해요. dump의 사전적 의미가 '(특히 적절치 않은 곳에 쓰레기 같은 것을) 버리다'예요. 그래서 I got dumped.는 "나 버림받았다." 곧 "나 차였다."는 뜻이 되는 거지요. "그녀가 나를 찼어."라고 말할 때는 She dumped me.라고 표현합니다.

Edgar You look like you've been hit by a bus.
Reba   **I got dumped.**
Edgar You what? Oh, I'm sorry.
Reba   And he told me through a text!
Edgar That sucks!

STEP 4 위 대화문을 보고, MP3파일을 들으면서 따라 말해 보세요.

UNIT 054

나 바람맞았어.

STEP 1 대화문을 보고, 오늘의 표현을 빈칸에 영어로 적어 보세요.

Britta 야, 클락. 너 지금 데이트 하고 있어야 하는 거 아니야?
Clark   그랬어야 하지. 나 바람맞았어.
Britta 정말? 어떻게 된 거야?
Clark   한 시간을 기다렸는데 그녀가 아예 안 나타나더라고.
Britta 완전 우울하구만.

STEP 2 MP3파일을 듣고, 자신의 답이 맞으면 네모 칸에 체크하세요.

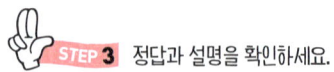

STEP 3 정답과 설명을 확인하세요.

I got stood up.

stand up이 '서 있다'라는 뜻이죠? 그래서 get stood up은 '서 있음을 당하다'라는 의미예요. 누군가와 만나기로 약속했는데 I got stood up.(나는 서 있음을 당했다.) 했다는 것은 곧 "나 바람맞았어."라는 의미가 되죠. 이 표현은 친구 사이에서보다는 연인 사이에서 주로 쓰는 표현이에요. "그가 나를 바람맞혔다."라고 하려면 He stood me up. 이렇게 표현하면 됩니다.

Britta Hey, Clark. Aren't you supposed to be on a date right now?
Clark I was. **I got stood up.**
Britta Really? What happened?
Clark I waited for an hour and she never showed up.
Britta That's such a bummer.

STEP 4 위 대화문을 보고, MP3파일을 들으면서 따라 말해 보세요.

나 고등학교 때 너 좋아했었어.

STEP 1 대화문을 보고, 오늘의 표현을 빈칸에 영어로 적어 보세요.

Teresa   다시 만나게 되서 정말 반가워.

Lloyd   그러게, 우리가 못 본지 그렇게 오래됐다니 믿기지가 않아.

Teresa   있잖아, 이제서야 말이지만 나 고등학교 때 너 좋아했었어.

Lloyd   말도 안 돼! 나도 너 좋아했었는데!

Teresa   그런데 도대체 우리 왜 안 사귄 거야?

STEP 2 MP3파일을 듣고, 자신의 답이 맞으면 네모 칸에 체크하세요.

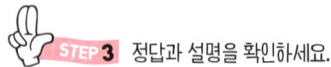 STEP 3 정답과 설명을 확인하세요.

I had a crush on you in high school.

진심으로 진지하게 사랑을 느끼는 감정보다는 단순히 누군가를 보고 마음이 설레고 반하는 감정을 말할 때는 have a crush on someone이라고 표현해요. 이 표현은 특히 학창시절에 학급친구를 좋아하거나 선생님을 보고 설레던 마음을 표현할 때 영화나 드라마에서 단골처럼 등장하는 표현이에요. have a crush 다음에 전치사 on이 따라 온다는 것, 꼭 기억하세요!

Teresa   It's so good to see you again.

Lloyd   Yeah, I can't believe it's been so long.

Teresa   You know, I have to tell you that **I had a crush on you in high school.**

Lloyd   No way! I had a crush on you, too!

Teresa   Why didn't we ever get together?

 STEP 4 위 대화문을 보고, MP3파일을 들으면서 따라 말해 보세요.

나 너한테 끌려.

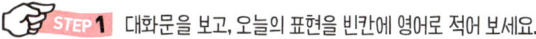
STEP 1 대화문을 보고, 오늘의 표현을 빈칸에 영어로 적어 보세요.

Jeff 이번 주말에 우리 만나자.

Pearl 너 나한테 왜 자꾸 데이트 신청하는 거야?

Jeff 너한테 마음이 끌리니까 그러지.

Pearl 난 관심 없다고 벌써 백 번도 넘게 얘기했는데.

 **STEP 2** MP3파일을 듣고, 자신의 답이 맞으면 네모 칸에 체크하세요.

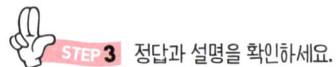

STEP 3 정답과 설명을 확인하세요.

I'm drawn to you.

감정적으로 누군가에게 끌린다고 말할 때 쓸 수 있는 표현이에요. '끌다'라는 의미의 draw를 써서 감정이 끌리는 것을 표현했어요. 혹 draw라는 동사가 익숙하지 않더라도 '서랍'을 의미하는 drawer라는 단어는 아시죠? 끌어당겨서 여는 것이 서랍이라고 생각하면 동사 draw도 기억하기 쉬울 거예요. 지금과 같이 누군가에게 매력을 느낄 때 같은 의미로 I'm attracted to you.라고 할 수도 있답니다.

Jeff   Let's go out this weekend.

Pearl   Why do you keep asking me out?

Jeff   Because **I'm drawn to you**.

Pearl   I've told you like 100 times I'm not interested.

STEP 4 위 대화문을 보고, MP3파일을 들으면서 따라 말해 보세요.

UNIT 057

나 너한테 푹 빠졌어.

STEP 1 대화문을 보고, 오늘의 표현을 빈칸에 영어로 적어 보세요.

Eve 헌터! 여기 네 선물이야.

Hunter 이거 왜 주는 건데?

Eve **나 너한테 푹 빠졌거든.** 그냥 이거 받고 내 사랑도 받아 주라.

Hunter 이거 참 어색한데.

Eve 본능에 충실해, 헌터.

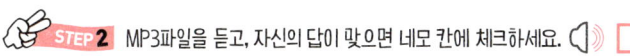

STEP 2 MP3파일을 듣고, 자신의 답이 맞으면 네모 칸에 체크하세요.

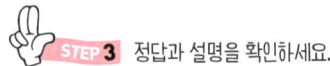

STEP 3 정답과 설명을 확인하세요.

I'm so into you.

상대방에게 사랑에 빠졌다고 고백할 때 가장 직설적인 표현은 I'm in love with you.(난 널 사랑해.)인데, I'm so into you.도 그에 못지 않게 숨김없이 과감하게 사랑을 고백하는 표현이에요. 사람에게뿐만 아니라 취미생활이나 어떤 한 분야에 푹 빠져 있을 때도 쓸 수 있는 표현이랍니다. 예를 들어 I'm so into hip hop.(난 힙합에 빠졌어.) 또는 He's into action figures.(그는 액션 피규어에 빠졌어.)와 같이 표현할 수 있답니다.

Eve   Hunter! This is a gift for you.

Hunter What's this for?

Eve   **I'm so into you.** Just take it and accept my love.

Hunter This is kind of weird.

Eve   Follow your heart, Hunter.

STEP 4 위 대화문을 보고, MP3파일을 들으면서 따라 말해 보세요.

나 항상 너한테 마음이 있었어.

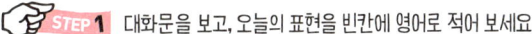 대화문을 보고, 오늘의 표현을 빈칸에 영어로 적어 보세요.

Kip 나 항상 너한테 마음이 있었어, 수지.

Susie 하지만 난 남자친구가 있는걸.

Kip 걔 차버리고 나하고 같이 달아나자.

Susie 싫어, 킵. 그러기엔 이미 너무 늦었어.

 MP3파일을 듣고, 자신의 답이 맞으면 네모 칸에 체크하세요.

STEP 3 정답과 설명을 확인하세요.

I've always had a thing for you.

사랑을 고백할 때 단도직입적으로 "사랑해."라고 말하기가 조금 민망하다면 이 표현을 써 보세요. 상대방을 향한 자신의 좋아하는 감정을 조심스럽게 전하기에 적합한 표현이에요. 해석을 "나 항상 너한테 마음이 있었어."라고 했지만 사실은 "난 항상 너를 향한 뭔가가 있었어."가 더 정확한 해석이죠. 우리말에도 말을 꺼내기 힘들 때 '거시기, 그거'라고 하듯이 여기에서는 좋아하는 감정을 a thing이라고 한 거예요.

Kip **I've always had a thing for you**, Susie.

Susie But I have a boyfriend now.

Kip Dump him and let's run away together.

Susie No, Kip. It's too late for that.

STEP 4 위 대화문을 보고, MP3파일을 들으면서 따라 말해 보세요.

나 아직도 걔한테 마음이 있어.

STEP 1 대화문을 보고, 오늘의 표현을 빈칸에 영어로 적어 보세요.

Rene   제발, 데릭, 이제 그녀에 대한 미련은 버려.

Derek   그렇게는 못해. <u>난 아직도 그녀를 좋아한다고.</u>

Rene   우리 클럽에 가서 더 좋은 여자를 찾아보자.

Derek   엘리자베스보다 더 좋은 사람은 이 세상에 없어.

Rene   이런 말 해서 미안한데, 걔는 완전 못돼 먹은 여자야.

 **STEP 2** MP3파일을 듣고, 자신의 답이 맞으면 네모 칸에 체크하세요.

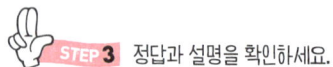 STEP 3 정답과 설명을 확인하세요.

I still have feelings for her.

"그녀를 아직도 좋아한다."는 의미의 이 표현에서 중요한 부분은 have feelings for인데, 그중에서도 feelings는 꼭 복수형으로 써야 해요. 단수로 a feeling이라고 하면 한순간 느끼는 '느낌' 혹은 '어떤 감이 온다'라고 할 때 쓰는 그 '감'을 의미하기 때문이에요. feelings라고 해야 '감정'이라는 의미가 된답니다. have feelings for someone은 '누구에게 (좋아하는) 감정이 있다'라는 의미의 숙어예요.

Rene   Come on, Derek. You've got to get over her.
Derek   I can't. **I still have feelings for her.**
Rene   Let's go to a club and try to find a better woman.
Derek   There's nobody in the world better than Elizabeth.
Rene   I'm sorry to say this, but she was a bitch.

 STEP 4 위 대화문을 보고, MP3파일을 들으면서 따라 말해 보세요.

난 항상 잘못된 남자한테 빠져.

STEP 1 대화문을 보고, 오늘의 표현을 빈칸에 영어로 적어 보세요.

Cherry 걔 정말 재수없어!

Stefan 너 도대체 어떻게 그런 애랑 사귄 거니 정말.

Cherry 난 항상 잘못된 남자한테 빠져.

Stefan 자책하지 마. 너도 어쩔 수 없는 일이잖아.

STEP 2 MP3파일을 듣고, 자신의 답이 맞으면 네모 칸에 체크하세요.

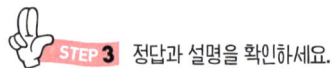 STEP 3 정답과 설명을 확인하세요.

I always fall for the wrong guys.

fall for something은 '~에 속아넘어가다'라는 의미의 숙어인데 이 표현이 사람에게 적용되어 fall for someone이라고 하면 '~에게 빠지다, 좋아하게 되다'라는 의미가 된답니다. 그래서 위의 표현에서는 '좋아하다, 빠지다'의 의미로 쓰인 것이지요. The wrong guy는 '나와 맞지 않는 남자', 특히 나의 인생에 해가 되는 남자를 뜻해요. 반대로 the right guy라고 하면 '나에게 딱 맞는 남자'를 의미해요.

Cherry   He's such a jerk!
Stefan   I can't believe you even went out with him.
Cherry   **I always fall for the wrong guys.**
Stefan   Don't blame yourself. You can't help it.

 STEP 4 위 대화문을 보고, MP3파일을 들으면서 따라 말해 보세요.

POP QUIZ 지금까지 배운 표현들을 영어로 적어 보세요.

01. 걔한테 데이트 신청했어?

---

02. 우리 헤어졌어.

---

03. 나 차였어.

---

04. 나 바람맞았어.

---

05. 나 고등학교 때 너 좋아했었어.

---

06. 나 너한테 끌려.

---

07. 나 너한테 푹 빠졌어.

---

08. 나 항상 너한테 마음이 있었어.

---

09. 나 아직도 걔한테 마음이 있어.

---

10. 난 항상 잘못된 남자한테 빠져.

Answers p.343

CHAPTER

07

-

UNIT
061~070

저한테 작업 거시는 거예요?

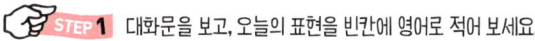

Victor   여기가 더운 건가요, 아니면 당신이 제 마음을 녹여버린 건가요?

Erica   죄송하지만, 저한테 작업 거시는 거예요?

Victor   아니요, 그냥 질문한 건데요.

Erica   무슨 질문이 그래요?

Victor   내 마음을 녹인 사람이 당신이냐고 물어본 것뿐이에요. 당신과 내가 대화를 나누고 있는 지금도 계속 녹고 있단 말이에요.

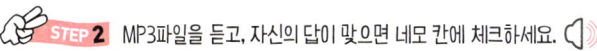

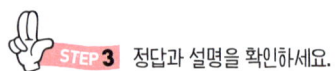 STEP 3 정답과 설명을 확인하세요.

Are you hitting on me?

이성을 유혹하려는 목적으로 치근덕거리는 것을 우리는 속어로 '작업 걸다'라고 하죠. 그에 대응하는 영어표현이 꽤 많은데 자주 쓰이는 표현들을 나열해 보자면 flirt with someone, make a move on someone, come on to someone, hit on someone 등이 있답니다. 그중에서도 가장 자주 접하게 되는 표현은 바로 hit on someone이에요.

Victor Is it hot in here or did you just melt my heart?

Erica I'm sorry, **are you hitting on me?**

Victor No, that was just a question.

Erica What kind of a question is that?

Victor I was just asking if you were the one who melted my heart. My heart is melting as we speak.

 STEP 4 위 대화문을 보고, MP3파일을 들으면서 따라 말해 보세요.

UNIT 062

저한테 추파 던지시는 거예요?

STEP 1 대화문을 보고, 오늘의 표현을 빈칸에 영어로 적어 보세요.

Tyra 저기요, 덩치 크신 분. 운동 많이 하시나 봐요?

Isaac 어, 조금요. 왜요?

Tyra 힘도 세 보이고 몸도 탄탄해 보여요. 저를 들어올릴 수도 있나요?

Isaac 저한테 추파 던지시는 거예요?

Tyra 아마도…….

STEP 2 MP3파일을 듣고, 자신의 답이 맞으면 네모 칸에 체크하세요.

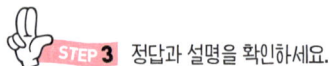 STEP 3 정답과 설명을 확인하세요.

Are you coming on to me?

Unit 61에 나왔던 Are you hitting on me?(저한테 작업 거시는 거에요?)와 같은 의미이지만 어감이 더 성적인 느낌입니다. 물론 hit on도 껄떡대고 추파를 던진다는 의미이긴 하지만 come on to가 더 노골적으로 들이대는 느낌이 들어요. 그러니 단순히 호감을 표현하며 전화번호를 받으려고 하는 이성에게는 이 표현을 쓰지는 말아 주세요. 왠지 과한 반응으로 보일 수 있거든요.

Tyra   Hey, big boy. You've been working out?
Isaac Um, a little bit. Why?
Tyra   You look so strong and fit. Can you lift me?
Isaac **Are you coming on to me?**
Tyra   Maybe…

 STEP 4 위 대화문을 보고, MP3파일을 들으면서 따라 말해 보세요.

그가 바람피웠어.

STEP 1 대화문을 보고, 오늘의 표현을 빈칸에 영어로 적어 보세요.

Bobby 프랜, 왜 우니?

Fran 팻 때문에. 걔가 바람피웠어!

Bobby 저런 나쁜 놈!

Fran 어젯밤에 걔가 캐이틀린하고 있는 걸 목격했어.

STEP 2 MP3파일을 듣고, 자신의 답이 맞으면 네모 칸에 체크하세요.

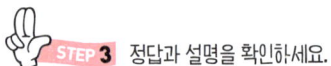 정답과 설명을 확인하세요.

He cheated on me.

"그가 (나를 속이고 다른 여자와) 바람피웠어."라는 의미예요. 보통 '바람피우다'를 사전에서 찾아보면 have an affair with someone라는 표현을 보게 될 거예요. 그런데 이 표현은 주로 결혼해서 가정을 꾸린 사람이 바람피웠을 때, 곧 불륜관계를 말할 때 쓰는 표현이기 때문에 미혼들이 쓰기에는 어울리지 않는답니다. 구어체에서 광범위하게 쓰이는 '바람피우다'는 cheat on someone이에요.

Bobby　Fran, why are you crying?

Fran　It's Pat. **He cheated on me!**

Bobby　What a bastard!

Fran　I caught him with Caitlyn last night.

 위 대화문을 보고, MP3파일을 들으면서 따라 말해 보세요.

UNIT 064

너 걔 임신시켰니?

STEP 1 대화문을 보고, 오늘의 표현을 빈칸에 영어로 적어 보세요.

Liza 그렉, 너 괜찮아? 너 마치 무슨 귀신이라도 본 사람 같아.

Greg 나 방금 홀리하고 통화했거든. 홀리가 임신했대.

Liza 네가 걔 임신시킨 거야?

Greg 우린 관계를 가진 적도 없어.

Liza 오, 이런······.

STEP 2 MP3파일을 듣고, 자신의 답이 맞으면 네모 칸에 체크하세요.

STEP 3 정답과 설명을 확인하세요.

Did you knock her up?

'임신'하면 떠오르는 단어가 pregnant지요? 맞아요, pregnant가 임신을 표현할 때 가장 많이 쓰이는 단어이긴 해요. 그런데 원하지 않는 임신, 특히 결혼하지 않고 사고로 임신하게 된 경우에는 속어로 '아이를 배게 하다, 임신시키다'를 뜻하는 knock someone up이라는 표현을 쓴답니다. 그래서 She's knocked up.이라고 하면 "그녀는 (미혼인데) 애를 가졌다."는 뜻이 돼요.

Liza   Greg, are you ok? You look like you've seen a ghost.
Greg   I just got off the phone with Holly. She's pregnant.
Liza   **Did you knock her up?**
Greg   We've never slept together.
Liza   Oh, my….

STEP 4 위 대화문을 보고, MP3파일을 들으면서 따라 말해 보세요.

이 사람 저 사람 막 자고 다니지 마.

STEP 1 대화문을 보고, 오늘의 표현을 빈칸에 영어로 적어 보세요.

Ethan 너 어디 있었어?

Karen 조던 집에…….

Ethan 너 트레비스하고 사귀는 줄 알았는데?

Karen 음…….

Ethan 캐런! 이 사람 저 사람 막 자고 다니지 마!

STEP 2 MP3파일을 듣고, 자신의 답이 맞으면 네모 칸에 체크하세요.

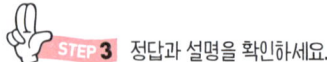 정답과 설명을 확인하세요.

Stop sleeping around.

누군가와 잠자리하는 것을 가감 없이 직설적이고 노골적으로 표현하면 have sex with someone이에요. 그런데 아무래도 sex라는 단어가 들어가면 너무 직접적인 표현이라 보통은 조금 돌려서 유하게 sleep with someone이라고 표현해요. 여기저기 돌아다니며 너무 많은 사람과 잠자리를 할 경우에는 sleep around라는 숙어로 표현한답니다.

Ethan Where have you been?
Karen Jordan's house…
Ethan I thought you were dating Travis?
Karen Um…
Ethan Karen! **Stop sleeping around!**

 위 대화문을 보고, MP3파일을 들으면서 따라 말해 보세요.

네가 못 오를 나무야. / 네가 넘볼 사람이 아니야.

대화문을 보고, 오늘의 표현을 빈칸에 영어로 적어 보세요.

Ken   캐라가 나하고 사귈 것 같니?

Chrissy   너 진심으로 하는 말이야? 걔는 네가 못 오를 나무야.

Ken   왜 그렇게 생각하는데?

Chrissy   야, 너 모르고 있니? 걔네 아빠가 S전자 사장이잖아.

Ken   정말? 나 그럼 걔랑 꼭 사귀어야지!

 MP3파일을 듣고, 자신의 답이 맞으면 네모 칸에 체크하세요.

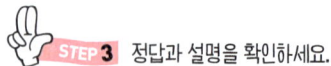 STEP 3 정답과 설명을 확인하세요.

She's out of your league.

이 표현을 직역하면 "그녀는 너와는 다른 리그의 사람이다." 즉, "그녀는 너와 노는 물이 다르다.", "네가 넘볼 만한 사람이 아니다."라는 뜻입니다. 야구에서 메이저리그와 마이너리그가 다른 것처럼, 축구에서 1부 리그와 2부 리그가 다른 것처럼 out of your league(너의 리그 밖에 있다)라는 말은 그는 너와는 다른 차원의 삶을 사는 사람이니 욕심 부려 봐야 소용없다는 뜻이 되겠네요.

Ken   Do you think Cara will go out with me?

Chrissy   Are you serious? **She's out of your league.**

Ken   What makes you say that?

Chrissy   Hey, don't you know? Her dad is the CEO at S Electronics.

Ken   Really? I'm so going after her!

 STEP 4 위 대화문을 보고, MP3파일을 들으면서 따라 말해 보세요.

그녀는 절대 놓치면
안 되는 사람이야.

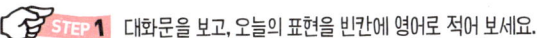

Trisha 아이린하고 데이트는 어땠어?

Corry 정말 좋았어! 그녀가 밥을 사겠다고 하더라고.

Trisha 정말?

Corry 그리고 그녀가 우리 다음 데이트 계획까지 다 잡아 놨다니까.

Trisha 우와! 너 걔 절대 놓치면 안 되겠다.

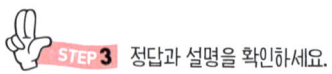 STEP 3 정답과 설명을 확인하세요.

She's a keeper.

친구가 자신의 여자친구를 소개하겠다고 데려왔을 때 사람도 좋아 보이고 친구와도 잘 어울리는 상대라는 생각이 들면 이 표현을 써 주세요. keep을 해야 하는 사람, 곧 '지켜야 하는 사람, 놓치지 말아야 하는 사람'이라는 의미로 keeper를 쓴 것이니까 "그녀는 절대 놓치지 말고 간직해야 할 사람이야."라는 뜻이 되겠습니다. 친구의 이성친구에 대한 칭찬으로 이보다 더 좋은 칭찬은 없겠죠.

Trisha How was your date with Irene?
Corry Great! She offered to pay for dinner.
Trisha Are you serious?
Corry And she already made plans for our next date.
Trisha Wow! **She's a keeper.**

 STEP 4 위 대화문을 보고, MP3파일을 들으면서 따라 말해 보세요.

UNIT 068

너희 둘 천생연분이다.

STEP 1 대화문을 보고, 오늘의 표현을 빈칸에 영어로 적어 보세요.

Rhett 팀이 하루에 몇 번 너한테 전화하니?

Jenn 글쎄, 한 스무 번에서 서른 번 정도.

Rhett 뭐야? 걔가 널 사랑하는 건 알겠는데 그래도 그건 좀 지나친 것 같다.

Jenn 난 걔가 하루에 백 번 전화했으면 좋겠는걸.

Rhett 너희 둘 천생연분이다.

STEP 2 MP3파일을 듣고, 자신의 답이 맞으면 네모 칸에 체크하세요.

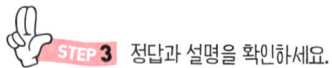 정답과 설명을 확인하세요.

You two are made for each other.

이 표현을 직역하면 "너희 둘은 서로를 위해 만들어진 사람들이야."이니까 그 말은 결국 "너희 둘은 천생연분이야."라는 뜻이 되겠죠. 비슷한 표현으로 We are a match made in heaven.(우리는 하늘이 맺어 준 사이야.)과 We are meant to be together.(우리는 같이할 운명이야.) 등이 있습니다. We are meant to be together.에서 together을 생략하고 We are meant to be.라고 하는 경우도 많아요.

Rhett　How often does Tim call you a day?

Jenn　I don't know, about 20 to 30 times.

Rhett　What? I know he loves you and all that but that's a little too much.

Jenn　I wish he would call me 100 times a day.

Rhett　**You two are made for each other.**

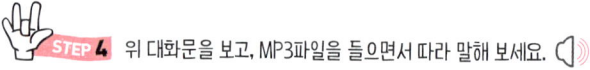 위 대화문을 보고, MP3파일을 들으면서 따라 말해 보세요.

(나한테 관심 있는 것처럼) 사람 헷갈리게 하지 마.

 대화문을 보고, 오늘의 표현을 빈칸에 영어로 적어 보세요.

Anton 가브리엘, 넌 정말 예뻐!

Gabrielle 안톤, 너 왜 계속 이러는 거니?

Anton 뭐? 내가 뭘 어쨌다고?

Gabrielle 어떤 때는 마치 날 아예 모르는 사람처럼 행동하다가, 어떤 때는 내가 정말 예쁘다고 그러질 않나. 사람 헷갈리게 하지 마!

 MP3파일을 듣고, 자신의 답이 맞으면 네모 칸에 체크하세요.

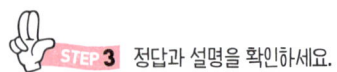 정답과 설명을 확인하세요.

Stop sending me mixed signals.

상대방이 어떤 때는 마치 나를 좋아하는 것처럼 행동하다가, 또 어떤 때는 전혀 관심 없거나 싫어하는 것처럼 행동하면 날 좋아하는 건지 싫어하는 건지 헷갈리죠? 이럴 땐 정말 화가 날수밖에 없는데, 그럴 때 상대방에게 이 표현을 큰 소리로 외쳐 주세요. Stop sending me mixed signals!(나한테 관심 있는 것처럼 사람 헷갈리게 하지 마!)라고요.

Anton   Gabrielle, you look ravishing!

Gabrielle   Anton, why do you keep doing this?

Anton   What? What did I do?

Gabrielle   One moment you act like you don't even know me, and the next, you tell me I look ravishing. **Stop sending me mixed signals!**

 위 대화문을 보고, MP3파일을 들으면서 따라 말해 보세요.

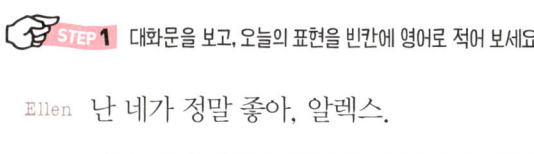

 대화문을 보고, 오늘의 표현을 빈칸에 영어로 적어 보세요.

Ellen 난 네가 정말 좋아, 알렉스.

Alex 나도 너에 대해서 똑같은 감정이야, 엘렌.

Ellen 정말?

Alex 당연하지! 넌 정말 아름다우니까!

Ellen 오, 알렉스!

 MP3파일을 듣고, 자신의 답이 맞으면 네모 칸에 체크하세요.

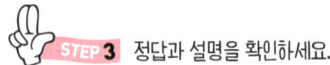 **STEP 3** 정답과 설명을 확인하세요.

I feel the same way about you.

나에게 좋아한다고 고백하는 상대에게 나도 똑같은 감정이라고 말할 때 쓰는 표현입니다. 이 표현은 긍정문보다도 부정문으로 접할 가능성이 더 높은데, 상대방의 고백에 대해서 완곡하게 거절할 때 영화나 드라마에 자주 등장하는 표현이랍니다. I'm sorry but I don't think I feel the same way about you.(미안하지만 난 너에 대해 같은 감정이 아닌 것 같아.) 이렇게 말이죠.

Ellen I really like you a lot, Alex.

Alex **I feel the same way about you**, Ellen.

Ellen Really?

Alex Of course! You're amazing!

Ellen Oh, Alex!

 **STEP 4** 위 대화문을 보고, MP3파일을 들으면서 따라 말해 보세요.

POP QUIZ 지금까지 배운 표현들을 영어로 적어 보세요.

01. 저한테 작업 거시는 거예요?

___

02. 저한테 추파 던지시는 거예요?

___

03. 그가 바람피웠어.

___

04. 너 걔 임신시켰니?

___

05. 이 사람 저 사람 막 자고 다니지 마.

___

06. 네가 못 오를 나무야. / 네가 넘볼 사람이 아니야.

___

07. 그녀는 절대 놓치면 안 되는 사람이야.

___

08. 너희 둘 천생연분이다.

___

09. (나한테 관심 있는 것처럼) 헷갈리게 하지 마.

___

10. 나도 너에 대해서 똑같은 감정이야.

___

Answers p.344

CHAPTER 08

UNIT 071~080

나와 그는 여러 면에서 잘 통해.

STEP 1 대화문을 보고, 오늘의 표현을 빈칸에 영어로 적어 보세요.

Andy   어젯밤에 너랑 래리가 데이트하는 거 봤다. 좋았어?

Nicole   완전 좋았지! 래리는 정말 멋진 남자야.

Andy   정말? 너희들 뭘 했길래?

Nicole   우린 몇 시간 동안이나 대화를 나눴어. 나와 그는 여러 면에서 잘 통해.

STEP 2 MP3파일을 듣고, 자신의 답이 맞으면 네모 칸에 체크하세요.

STEP 3 정답과 설명을 확인하세요.

I connect with him on so many levels.

사람과 잘 통하는 것을, 특히 연인 간에 마음이 잘 통하는 것에 대해서 표현할 때 동사 connect를 자주 사용한답니다. 첫만남에 말이 잘 통하는 이성을 만나고 와서 친구들에게 We connected instantly. (우린 만나자마자 바로 마음이 통했어.) 이런 식으로 말이죠. on so many levels에서 level은 '수준'보다는 '방식, 면'을 의미해요. 그래서 '여러 면에서'라고 해석이 되었답니다.

Andy   I saw you with Larry last night. How'd it go?

Nicole   Amazing! He's such a great guy.

Andy   Really? What'd you guys do?

Nicole   We talked for hours! **I connect with him on so many levels.**

Andy   That's awesome.

STEP 4 위 대화문을 보고, MP3파일을 들으면서 따라 말해 보세요.

UNIT 072

그녀가 그 남자와 사귄다는 건 상상이 안 돼.

STEP 1 대화문을 보고, 오늘의 표현을 빈칸에 영어로 적어 보세요.

Laura   너 브렌다가 요즘 팀하고 만나기 시작했다는 얘기 들었니?

Jack   정말? 그런 얘긴 어디서 들은 거야?

Laura   브렌다가 직접 얘기해 줬어.

Jack   <u>그녀가 그 남자와 사귄다는 건 상상이 안 돼.</u>

Laura   그러게 말이야, 그렇지?

STEP 2 MP3파일을 듣고, 자신의 답이 맞으면 네모 칸에 체크하세요.

STEP 3 정답과 설명을 확인하세요.

It's hard to imagine her with that guy.

<be동사+with someone>은 '~와 함께'를 의미해요. 상황에 따라서 둘이 커플임을 뜻하기도 하는데요. 예를 들어, She's with Eddie.(그녀는 에디와 커플이야.) 이런 식으로 말이죠. It's hard to imagine her with that guy.에서 쓰인 with도 그런 의미로 쓰였다고 보면 되겠어요. "그녀가 그 남자와 커플이라는 것을 상상하기 어렵다."라는 뜻으로 쓸 수 있는 표현입니다.

Laura   Did you hear Brenda started dating Tim?
Jack   Really? Where'd you hear that?
Laura   She told me herself.
Jack   **It's hard to imagine her with that guy.**
Laura   I know, right?

STEP 4 위 대화문을 보고, MP3파일을 들으면서 따라 말해 보세요.

우리 신혼이에요.

STEP 1 대화문을 보고, 오늘의 표현을 빈칸에 영어로 적어 보세요.

Verda 당신하고 당신 여자친구 정말 잘 어울려요.

Anthony 아, 우리 신혼이에요.

Verda 와, 축하해요!

Anthony 감사합니다.

STEP 2 MP3파일을 듣고, 자신의 답이 맞으면 네모 칸에 체크하세요.

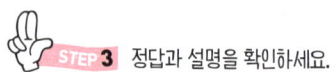 **STEP 3** 정답과 설명을 확인하세요.

We're newlyweds.

새롭게 결혼한 커플, 곧 '신혼부부'를 newlywed couple이라고 해요. newlywed는 형용사로 쓰이기도 하고 명사로도 쓰일 수 있는데, We're newlyweds.(우리 신혼이에요.)에서 newlywed가 명사 복수형으로 쓰여서 '신혼부부'라는 뜻이에요. 결혼식에 가면 웨딩카에 Just married(방금 결혼했어요)라고 쓰여 있는 걸 볼 수 있는데, Just married와 함께 newlywed라는 단어도 같은 의미로 기억해 주세요.

Verda You and your girlfriend look very cute together.
Anthony Oh, **we're newlyweds.**
Verda Wow, congratulations!
Anthony Thank you.

 **STEP 4** 위 대화문을 보고, MP3파일을 들으면서 따라 말해 보세요.

UNIT 074

우리 죽이 정말 잘 맞더라.

STEP 1 대화문을 보고, 오늘의 표현을 빈칸에 영어로 적어 보세요.

Sophia 줄리아하고 데이트 어땠어?

Aiden   좋았지! 우리 죽이 정말 잘 맞더라고.

Sophia 정말? 좀 샘 나는데.

Aiden   줄리아한테 샘 난다고? 왜?

Sophia 나도 너랑 데이트하고 싶으니까!

STEP 2 MP3파일을 듣고, 자신의 답이 맞으면 네모 칸에 체크하세요.

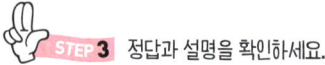 STEP 3 정답과 설명을 확인하세요.

We hit it off.

hit it off는 모르는 사람과 처음 만나서 마치 원래 알았던 사람처럼 금세 친해지고 죽이 잘 맞을 때 쓰는 관용표현이에요. I hit it off with John. (난 존과 만나자마자 바로 친해졌어.)과 같이 hit it off with someone의 패턴으로 나오는 경우도 많답니다. hit it off는 만나자마자 죽이 잘 맞아서 친해졌다는 것을 표현하는 것이기 때문에 현재형으로는 쓰지 않아요. hit은 현재형, 과거형이 모두 hit으로 같은데 여기에서는 과거형으로 쓰였습니다.

Sophia How'd your date go with Julia?
Aiden   It was great! **We really hit it off.**
Sophia Really? I'm a little jealous.
Aiden   Jealous of Julia? Why?
Sophia Because I want a date with you!

 STEP 4 위 대화문을 보고, MP3파일을 들으면서 따라 말해 보세요.

우리 사이가 별로 좋지 않아.

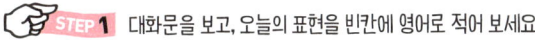 대화문을 보고, 오늘의 표현을 빈칸에 영어로 적어 보세요.

Jackson 너 왜 금요일에 제프하고 말도 안 했니?

Ava 우리 사이가 별로 좋지 않아.

Jackson 정말? 왜?

Ava 걔 좀 재수없거든.

Jackson 아, 난 몰랐네.

 MP3파일을 듣고, 자신의 답이 맞으면 네모 칸에 체크하세요.

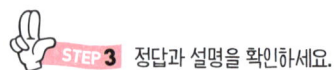 정답과 설명을 확인하세요.

We don't get along very well.

get along with someone은 '누군가와 잘 지내다, 친하게 지내다'라는 의미의 관용표현이에요. get along은 보통 친하다고 해석하는 것보다는 문제없이 잘 지내는 사이라고 해석하는 게 자연스러워요. 예를 들어, Do you get along with your roommate?(룸메이트와 문제없이 잘 지내?) 또는 I don't get along with my boss.(직장 상사와 난 잘 안 맞아.) 이런 식으로 말이죠.

Jackson   How come you didn't talk to Jeff on Friday?

Ava   **We don't get along very well.**

Jackson   Really? Why?

Ava   He's kind of a jerk.

Jackson   Oh, I didn't realize that.

 위 대화문을 보고, MP3파일을 들으면서 따라 말해 보세요.

난 이곳과 맞지 않아.

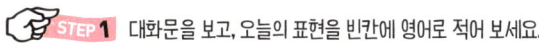

Zoe 리암! 너 구석에서 뭐 해? 파티를 즐기라고!

Liam 몰라…… 난 이곳과 맞지 않아.

Zoe 무슨 소리야! 너랑 이 파티랑 잘 맞아.

Liam 아무도 나한테 말도 안 거는걸.

Zoe 이리 와 봐, 내가 몇몇 사람들을 소개해 줄게.

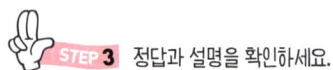 STEP 3 정답과 설명을 확인하세요.

I don't fit in here.

보통 fit이라고 하면 옷이 몸에 잘 맞는지 입어 보는 상황을 떠올리죠. 물론 그럴 때도 fit을 쓰지만 주변 상황이나 환경에 조화롭게 어우러지는 것을 표현할 때도 fit을 쓴답니다. 그래서 fit in은 새로운 회사에 입사하거나 새 학교에 들어갔을 때처럼 새로운 어떤 그룹에 들어간 상황에서 '잘 어울리다, 튀지 않고 어우러지다'라는 의미로 많이 쓰여요.

Zoe Liam! What are you doing in the corner? Enjoy the party!

Liam I don't know… **I don't fit in here.**

Zoe What are you talking about! You fit in just fine.

Liam Nobody's talking to me.

Zoe Here, I'll introduce you to some people.

 STEP 4 위 대화문을 보고, MP3파일을 들으면서 따라 말해 보세요.

그는 나의 좋은 친구야.

👉 **STEP 1** 대화문을 보고, 오늘의 표현을 빈칸에 영어로 적어 보세요.

Lucas   너 소개팅 해 주려고 하는데.

Mia   정말? 누구랑?

Lucas   조쉬라는 남자애. 나랑 친한 친구야.

Mia   잘생겼어?

Lucas   글쎄. 친구들끼리는 그런 생각을 안 해서 잘 모르겠는데.

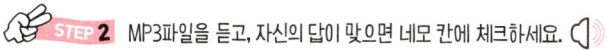

STEP 2   MP3파일을 듣고, 자신의 답이 맞으면 네모 칸에 체크하세요.

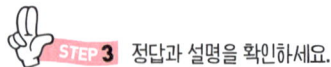 정답과 설명을 확인하세요.

He's a good friend of mine.

우리나라 사람들은 대부분 "그는 내 친구야."를 영어로 표현할 때 He's my friend.라고 하죠? 하지만 네이티브들은 He's a friend of mine.(그는 내 친구 중 한 명이야.) 또는 He's friends with me.(그는 나와 친구야.) 이런 식으로 말한답니다. 그래서 "그는 나의 좋은 친구야."라고 할 때도 He's my good friend.라고 하기보다는 He's a good friend of mine.이라고 하는 게 자연스러워요.

Lucas   I want to set you up with someone.

Mia   Really? Who?

Lucas   This guy Josh. **He's a good friend of mine.**

Mia   Is he handsome?

Lucas   I don't know. I'm just his friend.

 위 대화문을 보고, MP3파일을 들으면서 따라 말해 보세요.

그녀는 어떤 사람이야?

STEP 1 대화문을 보고, 오늘의 표현을 빈칸에 영어로 적어 보세요.

Emily 너랑 스칼렛 요한슨이랑 만났다니 믿을 수가 없어!

Noah 진짜야, 그녀랑 같이 찍은 사진도 있는걸.

Emily 그녀는 어떤 사람이야?

Noah 정말 착해. 그리고 실제로 봐도 엄청 섹시해!

Emily 너도 남자는 남자구나.

STEP 2 MP3파일을 듣고, 자신의 답이 맞으면 네모 칸에 체크하세요.

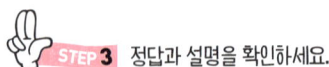 STEP 3 정답과 설명을 확인하세요.

What is she like?

어떤 사람에 대해 궁금해하면서 물을 때 "그/그녀는 어떤 사람이야?"를 영어로는 What is he/she like?이라고 합니다. 한국인들은 대부분 질문이 '어떤'으로 시작하면 무조건 How를 떠올리는 경향이 있는데 지금과 같은 질문은 What과 like의 조합으로 써야 자연스러운 문장이 된답니다. How is she like?가 아니고 What is she like?이니까 주의하세요. 짧게 What's she like? 이렇게 말해도 좋아요.

Emily   I can't believe you met Scarlett Johansson!
Noah   Yeah, I even got a picture with her.
Emily   **What is she like?**
Noah   She's really nice. And really hot in person, too!
Emily   You're such a guy.

 STEP 4 위 대화문을 보고, MP3파일을 들으면서 따라 말해 보세요.

우리 화해했어.

STEP 1 대화문을 보고, 오늘의 표현을 빈칸에 영어로 적어 보세요.

Ella   너 아직도 이벳이랑 냉전 중이니?

Rogan   아니. 우리 화해했어.

Ella   정말? 언제?

Rogan   며칠 전에. 지금은 우리 잘 지내.

Ella   다행이다.

STEP 2 MP3파일을 듣고, 자신의 답이 맞으면 네모 칸에 체크하세요.

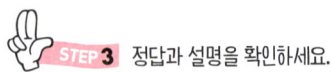 **STEP 3** 정답과 설명을 확인하세요.

We made up.

'화해하다'를 한영사전에서 찾으면 reconcile이라는 어려운 단어가 제일 먼저 나올 거예요. 그 단어도 좋은 단어이긴 하지만 일상회화에서 쓰기엔 조금 무거운 느낌이 들어요. 그래서 보통 때는 '화해하다'를 make up으로 표현하는 게 좋답니다. 좀 더 구체적으로 make up with someone(~와 화해하다)을 외워 두면 더 좋아요. 예를 들어, Did you make up with him?(너 걔랑 화해했니?) 이렇게 쓸 수 있게 말이죠.

Ella   Are you still fighting with Yvette?
Rogan   No. **We made up.**
Ella   Really? When?
Rogan   A few days ago. We're doing ok now.
Ella   That's good to hear.

 **STEP 4** 위 대화문을 보고, MP3파일을 들으면서 따라 말해 보세요.

같이 놀래?

STEP 1 대화문을 보고, 오늘의 표현을 빈칸에 영어로 적어 보세요.

Owen 아비가일, 이번 주말에 뭐 해?

Abigail 잘 모르겠어…… 아직 특별한 계획은 없는데.

Owen **같이 놀래?**

Abigail 좋아! 뭐 생각해 둔 거라도 있어?

Owen 영화 보러 가자.

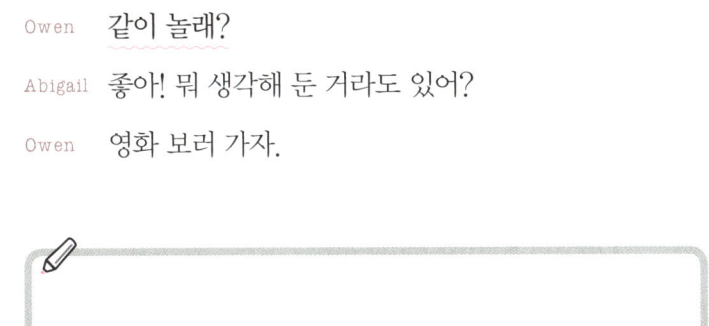

STEP 2 MP3파일을 듣고, 자신의 답이 맞으면 네모 칸에 체크하세요.

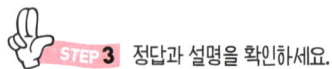 STEP 3 정답과 설명을 확인하세요.

Do you wanna hang out?

"같이 놀래?"를 Do you want to play with me?라고 표현해도 될까요, 안 될까요? 됩니다. 당신이 어린아이라면 말이죠, 하하. play with는 공놀이나 인형놀이 등 어린 시절에 하는 놀이들을 하면서 놀 때 쓰는 표현이에요. 고학년이 되면서부터는 같이 놀자고 할 때 hang out이라는 표현을 쓴답니다. 참고로 친구들이 자주 같이 어울려 노는 장소는 hang-out place라고 해요.

Owen   Abigail, what are you doing this weekend?
Abigail   I don't know… I don't really have a plan yet.
Owen   **Do you wanna hang out?**
Abigail   Sure! What do you have in mind?
Owen   Let's go to a movie.

 STEP 4 위 대화문을 보고, MP3파일을 들으면서 따라 말해 보세요.

 지금까지 배운 표현들을 영어로 적어 보세요.

01. 나와 그는 여러 면에서 잘 통해.

02. 그녀가 그 남자와 사귄다는 건 상상이 안 돼.

03. 우리 신혼이에요.

04. 우리 죽이 정말 잘 맞더라.

05. 우리 사이가 별로 좋지 않아.

06. 난 이곳과 맞지 않아.

07. 그는 나의 좋은 친구야.

08. 그녀는 어떤 사람이야?

09. 우리 화해했어.

10. 같이 놀래?

Answers p.344

우리 언제 만나서 점심 같이 먹자.

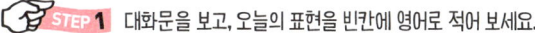 대화문을 보고, 오늘의 표현을 빈칸에 영어로 적어 보세요.

Landon 저기, 나 이제 가 봐야 해. 정말 너랑 이야기 나눠서 즐거웠어.

Grace 그래, 정말 즐거웠어.

Landon 괜찮다면, 우리 언제 만나서 점심 같이 먹자.

Grace 그래 좋아!

 MP3파일을 듣고, 자신의 답이 맞으면 네모 칸에 체크하세요.

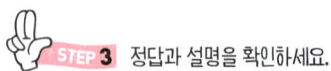 **STEP 3** 정답과 설명을 확인하세요.

Let's get together for lunch sometime.

헤어지면서 "우리 언제 한번 같이 보자/어울리자."라고 말할 때 Let's meet ~.이라고 할 수도 있겠지만 구어체에서는 Let's get together.이라고 하는 경우가 많아요. 우리가 구어체에서 쓰는 "우리 한번 뭉치자."와 비슷한 어감이라고 보면 될 것 같아요. 예를 들어, "우리 언제 한번 술 한 잔 해야지."는 We should get together for a drink sometime. 이렇게 표현하는 것이 자연스럽습니다.

Landon Hey, I have to go now, but it was really nice talking with you.
Grace   Yeah, it's been really fun.
Landon If it's ok, **let's get together for lunch sometime.**
Grace   That sounds great!

 **STEP 4** 위 대화문을 보고, MP3파일을 들으면서 따라 말해 보세요.

내가 뒤에서 받쳐 줄게. / 나만 믿어. / 내가 있잖아.

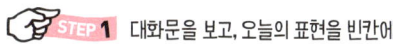 대화문을 보고, 오늘의 표현을 빈칸에 영어로 적어 보세요.

Natalie 아무래도 난 이번 대회에서 못 이길 것 같아.

Gavin 왜 그렇게 생각하는데?

Natalie 그냥 내 능력이 부족한 것 같아.

Gavin 무슨 소리야? 난 네가 할 수 있다는 걸 알아. 네 실력을 보여 줘! 내가 뒤에서 받쳐 줄게.

Natalie 고마워, 개빈.

 MP3파일을 듣고, 자신의 답이 맞으면 네모 칸에 체크하세요.

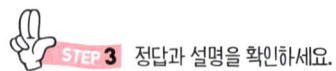 STEP 3 정답과 설명을 확인하세요.

I got your back.

친한 사람이 곤란에 처해 있거나 힘든 일을 겪고 있을 때 내가 뒤에서 든든히 받쳐 줄 테니 걱정 말라고 위로하며 쓸 수 있는 표현이에요. 직역하면 "내가 너의 뒤를 맡았어."인데 그 뜻을 풀어 보면 "뒤는 내가 알아서 처리할 테니 돌아보지 말고 굳세게 네 할 일 해." 이런 의미입니다. 해석은 상황에 맞게 하면 되는데 보통 "나만 믿어.", "내가 있잖아." 정도가 어울릴 거예요.

Natalie I don't think I can win the competition.

Gavin What makes you say that?

Natalie I'm just not good enough.

Gavin What are you talking about? I know you can do it. Go get 'em, tiger! **I got your back.**

Natalie Thanks, Gavin.

 STEP 4 위 대화문을 보고, MP3파일을 들으면서 따라 말해 보세요.

UNIT 083

넌 누구 편이야?

STEP 1 대화문을 보고, 오늘의 표현을 빈칸에 영어로 적어 보세요.

Maya 바비가 나한테 이별 통보를 해 오다니 믿기지가 않아!

Colton 음, 그럴 만한 이유가 있었겠지.

Maya 뭐야? 넌 누구 편이야?

Colton 네 편이지! 하지만 오히려 잘된 일인지도 몰라.

Maya 너 정신 나갔니?

STEP 2 MP3파일을 듣고, 자신의 답이 맞으면 네모 칸에 체크하세요.

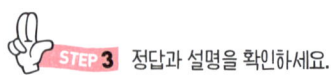 STEP 3 정답과 설명을 확인하세요.

Whose side are you on?

어떤 편을 돕거나 두둔한다는 의미의 단어 '편들다'는 영어로 take sides 라고 표현해요. 예를 들어, "난 어떤 편도 들고 싶지 않아."라고 할 때는 I don't want to take sides.라고 말하죠. 오늘의 표현으로 나온 Whose side are you on?은 "넌 누구의 편에 서 있니?" 즉, "넌 누구 편이니?"라고 말할 때 쓰는 표현입니다. "난 네 편이야."라고 말하고 싶다면 I'm on your side.라고 하면 돼요.

Maya   I can't believe Bobby broke up with me!
Colton   Well, maybe he had a good reason.
Maya   What? **Whose side are you on?**
Colton   Yours! But maybe it was for the best.
Maya   Are you out of your mind?

 STEP 4 위 대화문을 보고, MP3파일을 들으면서 따라 말해 보세요.

네가 내 뒤통수를 쳤어.

STEP 1 대화문을 보고, 오늘의 표현을 빈칸에 영어로 적어 보세요.

Max 너 왜 애이미한테 내 과거에 대해서 얘기했어?

Nora 모르겠어…… 그냥 말하다 보니 나와 버렸어.

Max 네가 내 뒤통수를 쳤어!

Nora 미안해, 맥스! 그럴 의도는 없었어!

STEP 2 MP3파일을 듣고, 자신의 답이 맞으면 네모 칸에 체크하세요.

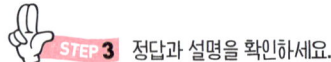 정답과 설명을 확인하세요.

You stabbed me in the back.

믿고 있던 사람이 날 배신했을 때 '등에 비수를 꽂다'라는 말을 쓰죠. 같은 상황에서 영어로는 stab in the back이라는 표현을 쓴답니다. stab은 '칼 같이 뾰족한 것으로 찌르다'라는 의미의 동사예요. 문장으로는 You stabbed me in the back.(네가 내 뒤통수를 쳤어. / 내 등에 비수를 꽂았구나. / 믿는 도끼에 발등 찍혔네.) 이렇게 표현해요.

Max   Why did you tell Amy about my past?
Nora I don't know… it just came out.
Max   **You stabbed me in the back!**
Nora I'm sorry, Max! I didn't mean to!

 위 대화문을 보고, MP3파일을 들으면서 따라 말해 보세요.

너 나한테 화났어?

STEP 1 대화문을 보고, 오늘의 표현을 빈칸에 영어로 적어 보세요.

Aria   너 왜 나한테 말 안 해?

Blake   그냥.

Aria   너 나한테 화났어?

Blake   아니, 화 안 났어.

Aria   그럼 왜 뚱해 있는 거야?

STEP 2 MP3파일을 듣고, 자신의 답이 맞으면 네모 칸에 체크하세요.

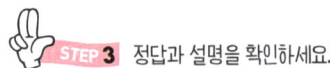 STEP 3 정답과 설명을 확인하세요.

Are you mad at me?

화난 감정을 표현할 때 가장 먼저 떠오르는 영어단어는 angry죠. 그런데 angry만큼이나 많이 쓰이는 형용사가 바로 mad랍니다. 보통 mad의 뜻을 '미친'으로만 알고 있는데, mad는 '화가 난'이라는 의미로도 많이 쓰여요. '~에게 화가 난' 상황을 표현할 때는 mad at을 씁니다. 이때 mad to가 아니라 mad at이라는 것에 주의하세요.

Aria　Why won't you talk to me?

Blake　No reason.

Aria　**Are you mad at me?**

Blake　No, I'm not mad at you.

Aria　Then why are you sulking?

 STEP 4 위 대화문을 보고, MP3파일을 들으면서 따라 말해 보세요.

UNIT 086

너 때문에 열 받아.

STEP 1 대화문을 보고, 오늘의 표현을 빈칸에 영어로 적어 보세요.

Allison 저리 가, 파커!

Parker 왜? 뭣 때문에 그래?

Allison 너 때문에 열 받아!

Parker 내가 뭘 어쨌길래?

Allison 다 알면서 뭘 물어!

 STEP 2 MP3파일을 듣고, 자신의 답이 맞으면 네모 칸에 체크하세요.

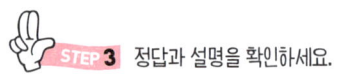 STEP 3 정답과 설명을 확인하세요.

You're pissing me off.

일반적으로 화가 난 상황에서 쓰는 표현은 angry나 mad이지만 좀 더 과격하게 표현하고 싶을 때는 우리가 '열 받다'라고 말하는 것처럼 piss off라는 표현을 쓴답니다. "나 열 받았어."라고 할 때는 I'm pissed off.라고 해도 되지만, off를 생략하고 그냥 I'm pissed.라고 말하는 경우도 많아요. 이 표현처럼 "네가 나를 열 받게 하고 있다."고 할 때는 off를 넣어서 You're pissing me off.라고 합니다.

Allison Just get away from me, Parker!
Parker   Why? What's wrong?
Allison **You're pissing me off!**
Parker   What did I do?
Allison You know what you did!

 STEP 4 위 대화문을 보고, MP3파일을 들으면서 따라 말해 보세요.

나 완전 뚜껑 열렸어.

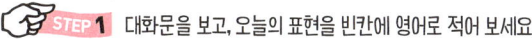 대화문을 보고, 오늘의 표현을 빈칸에 영어로 적어 보세요.

Chase 마일라, 어제 일은 미안해.

Mila 너 나한테 소리 질렀어!

Chase 알아. 내가 완전 뚜껑 열려서 그랬어.

Mila 널 용서할 수 있을지 모르겠어.

Chase 정말, 정말 미안해!

 MP3파일을 듣고, 자신의 답이 맞으면 네모 칸에 체크하세요.

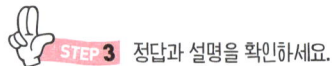 STEP 3 정답과 설명을 확인하세요.

I lost my temper.

누군가의 성격적 성향을 묘사할 때 hot-tempered(다혈질인), good-tempered(온순한, 착한)처럼 temper를 넣어서 표현할 때가 있어요. 그런데 temper는 주로 부정적인 뉘앙스로 걸핏하면 화를 내는 성질이나 성미를 의미하기도 한답니다. 여기에서 나온 I lost my temper.라는 표현의 의미는 "나 완전 뚜껑 열렸다."입니다. 다시 말하면, 나의 성질에 대한 자제력을 잃었다는 얘기죠.

Chase Mila, I'm really sorry about yesterday.

Mila   You yelled at me!

Chase I know. **I lost my temper.**

Mila   I don't know if I can forgive you.

Chase I'm so, so sorry!

 STEP 4 위 대화문을 보고, MP3파일을 들으면서 따라 말해 보세요.

너 때문에 간 떨어지는 줄 알았잖아!

 대화문을 보고, 오늘의 표현을 빈칸에 영어로 적어 보세요.

Jace   우!

Gianna   꺅, 깜짝이야, 제이스! 너 때문에 간 떨어지는 줄 알았잖아!

Jace   하하. 재밌었지, 응?

Gianna   아니! 나 놀래키는 거 싫어하는 거 알잖아!

Jace   그러니까 재미있지!

 MP3파일을 듣고, 자신의 답이 맞으면 네모 칸에 체크하세요.

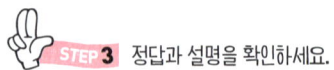 STEP 3 정답과 설명을 확인하세요.

You scared the shit out of me!

You scared me.는 "네가 나를 무섭게/두렵게 했다."는 뜻인데요. 이 문장의 끝에 있는 me를 the shit out of me로 바꾸면 비속어로 '내게서 똥이 나올 정도로' 다시 말해서 '엄청, 진짜 심하게'라는 의미가 됩니다. 심한 정도를 강조하고 싶거나 구어체에서 맛깔스럽게 또는 상스럽게 표현할 때 주로 the shit, crap, hell, fuck out of 등을 사용해요.

Jace　Boo!

Gianna　Oh, damn, Jace! **You scared the shit out of me!**

Jace　Haha. That was good, huh?

Gianna　No! You know I hate being scared!

Jace　That's why it's so funny!

 STEP 4 위 대화문을 보고, MP3파일을 들으면서 따라 말해 보세요.

너 때문에 걱정돼 죽는 줄 알았어.

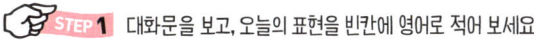

Terry 너 어디 있었니?

Ken 나 하루 종일 집에 있었는데. 나 찾았어?

Terry 왜 전화는 안 받았어?

Ken 미안. 아마 무음으로 해 놨었나 봐.

Terry 너 때문에 걱정돼 죽는 줄 알았어.

 MP3파일을 듣고, 자신의 답이 맞으면 네모 칸에 체크하세요.

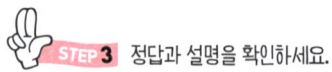
STEP 3 정답과 설명을 확인하세요.

I was worried sick about you.

"병이 날 정도로 너에 대해서 걱정했다."는 뜻이에요. 여기에서 worried sick은 extremely worried 혹은 extremely anxious와 같은 의미가 되겠죠. 우리는 보통 "네가 걱정돼 죽는 줄 알았어."라고 말하잖아요? 이것을 I was worried to death about you.라고 표현할 수도 있답니다. worried sick은 중간에 to가 들어가지 않고 worried to death는 to가 들어가니 주의하세요.

Terry Where have you been?

Ken I was home all day. Have you been looking for me?

Terry Why won't you answer the phone?

Ken I'm sorry. I must have left it on mute.

Terry **I was worried sick about you.**

STEP 4 위 대화문을 보고, MP3파일을 들으면서 따라 말해 보세요.

너 때문에 순간 걱정했잖아.

 대화문을 보고, 오늘의 표현을 빈칸에 영어로 적어 보세요.

Sean   이제 완전히 독일로 돌아가기로 결심했어.

Eleanor   뭐라고? 정말이야?

Sean   아니, 농담이야.

Eleanor   아, 다행이다. 너 때문에 순간 걱정했잖아.

Sean   내가 다시 돌아간다면, 너도 나랑 같이 가게 될 거야.

 MP3파일을 듣고, 자신의 답이 맞으면 네모 칸에 체크하세요.

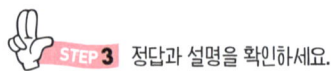 정답과 설명을 확인하세요.

You had me worried for a second.

상대방이 어떤 소식을 전할 때 몸짓이나 표정을 마치 큰일이 일어난 것처럼 행동해서 걱정하고 있는데 알고 보니 별일 아니었을 때 안도의 한숨을 쉬며 이 표현을 씁니다. 쉽게 말해서 "너 때문에 순간 걱정했잖아."라는 의미죠. 문장이 You had me worried ~로 시작하는 표현은 우리에게 익숙한 형식은 아니니까 잘 기억해 두세요.

Sean   I've decided to go back to Germany permanently.
Eleanor What? Really?
Sean   No, I'm just joking with you.
Eleanor Oh, good. **You had me worried for a second.**
Sean   If I go back, you're going with me.

 위 대화문을 보고, MP3파일을 들으면서 따라 말해 보세요.

 지금까지 배운 표현들을 영어로 적어 보세요.

01. 우리 언제 만나서 점심 같이 먹자.

02. 내가 뒤에서 받쳐 줄게. / 나만 믿어. / 내가 있잖아.

03. 넌 누구 편이야?

04. 네가 내 뒤통수를 쳤어.

05. 너 나한테 화났니?

06. 너 때문에 열 받아.

07. 나 완전 뚜껑 열렸어.

08. 너 때문에 간 떨어지는 줄 알았잖아!

09. 너 때문에 걱정돼 죽는 줄 알았어.

10. 너 때문에 순간 걱정했잖아.

Answers p.344

정말 다행이다.

STEP 1 대화문을 보고, 오늘의 표현을 빈칸에 영어로 적어 보세요.

Lincoln 맙소사! 팀 프로젝트가 있다는 걸 잊고 있었어!

Paige 걱정 마. 내가 이미 다 끝냈어.

Lincoln 휴, 정말 다행이다.

Paige 응, 나중에 크게 한 번 갚아라.

STEP 2 MP3파일을 듣고, 자신의 답이 맞으면 네모 칸에 체크하세요.

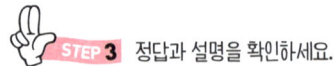 정답과 설명을 확인하세요.

I'm so relieved.

심히 걱정하던 일이 잘 해결됐을 때 안도의 한숨을 내쉬며 "정말 다행이다.", "십년감수했네."라고 하죠. 그럴 때 영어로는 I'm so relieved.라고 표현합니다. relieve는 '불쾌감이나 고통을 줄여 주다, 안도하게 하다, 심각성을 완화하다, 구출하다' 등의 의미를 가진 동사인데 다른 상황에 쓰이는 경우보다는 지금 바로 이 상황 "(휴,) 정말 다행이다."라고 말하는 경우를 가장 많이 접할 거예요.

Lincoln   Oh my god! I forgot the team project!

Paige   Don't worry. I already finished everything.

Lincoln   Whew, **I'm so relieved.**

Paige   Yeah, you owe me big time.

 위 대화문을 보고, MP3파일을 들으면서 따라 말해 보세요.

왜 시무룩한 얼굴을 하고 있어?

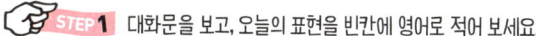 대화문을 보고, 오늘의 표현을 빈칸에 영어로 적어 보세요.

Miles   야, 브리아나. 왜 시무룩한 얼굴을 하고 있어?

Brianna   아, 아무것도 아냐.

Miles   그러지 말고 얘기해 봐.

Brianna   실은 오늘 시험이 있는 걸 깜빡해서 낙제할 것 같아.

Miles   아이고 저런.

 MP3파일을 듣고, 자신의 답이 맞으면 네모 칸에 체크하세요.

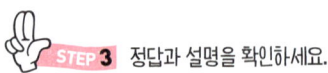 정답과 설명을 확인하세요.

Why the long face?

우리는 우울할 때 축 쳐진다고 하죠? 얼굴도 마찬가지로 기운 없고 시무룩할 때는 축 쳐져서 길어지는 모양이 되잖아요. 그래서 그 길어진 얼굴, long face가 '시무룩한 얼굴'이라는 의미가 되었어요. Why the long face?(왜 이렇게 시무룩해?)를 구어체에서 쓸 때는 동사 없이 이 표현 그대로 쓴답니다. 동사를 갖춘 문장으로 만들어서 쓸 때는 Why have you got such a long face?라고 해요.

Miles   Hey, Brianna. **Why the long face?**

Brianna   Oh, nothing.

Miles   Come on. You can tell me.

Brianna   Well, I forgot I had a test today and I think I failed.

Miles   Oh, sorry.

 위 대화문을 보고, MP3파일을 들으면서 따라 말해 보세요.

너무 까다롭게 굴지 마!

STEP 1 대화문을 보고, 오늘의 표현을 빈칸에 영어로 적어 보세요.

Jasmine 오늘 저녁엔 중국 음식 먹자.

Carson 음…… 난 중식 별로야.

Jasmine 그럼 이탈리아 음식은 어때?

Carson 으, 그것도 별로.

Jasmine 너무 까다롭게 굴지 마!

STEP 2 MP3파일을 듣고, 자신의 답이 맞으면 네모 칸에 체크하세요.

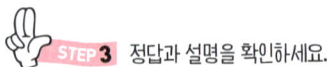 **STEP 3** 정답과 설명을 확인하세요.

Don't be so picky!

무엇을 하든 이건 어떻고 저건 어떻고 까다롭게 구는 사람을 묘사할 때 picky 하다고 해요. 사람이 너무 picky 하면 아무래도 주변 사람들이 힘들겠죠? 그래서 picky한 것을 difficult 하다고도 표현한답니다. He's being difficult.(그 녀석 까다롭게 구네.) 이런 식으로요. 그 반대로 이래도 좋고 저래도 좋고 특별히 자기 주장을 내세우지 않고 상황에 맞게 맞추는 스타일은 easy-going이라고 해요.

Jasmine   Let's have Chinese food tonight.
Carson   Um… I don't really want Chinese food.
Jasmine   How about Italian?
Carson   Ugh, I don't want that either.
Jasmine   **Don't be so picky!**

 **STEP 4** 위 대화문을 보고, MP3파일을 들으면서 따라 말해 보세요.

너 미쳤니?

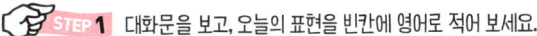

Emma 있잖아! 나 회사 관둘 거야.

Jacoby 너 미쳤니? 요즘 취직하는 게 얼마나 힘든지 몰라?

Emma 그런 건 상관없어. 난 이 말도 안 되는 관행들을 더 견딜 수가 없어.

Jacoby 내 생각엔 다시 한 번 생각해 보는 게 좋을 것 같은데.

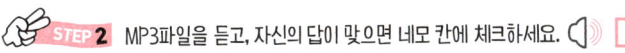

STEP 3 정답과 설명을 확인하세요.

Are you nuts?

우리말로 "너 미쳤어?"는 다른 말로 "제정신이니?", "정신 나갔니?", "돌았니?", "어떻게 된 거 아냐?"라고 할 수 있죠. 영어로도 "너 미쳤어?"를 뜻하는 많은 표현이 있는데, 가장 자주 쓰이는 표현 중 하나가 Are you nuts?랍니다. 이 표현을 쓸 때는 Are you a nut?(너 견과냐?)가 아니라 Are you nuts?처럼 꼭 nuts로 써야 한다는 점에 주의해야 해요. nuts가 형용사로 '미친, 제정신이 아닌'이란 뜻이기 때문이죠.

Emma   Guess what? I'm quitting my job.

Jacoby   **Are you nuts?** Don't you know how difficult it is to get a job these days?

Emma   I don't care about that. I just can't put up with so much nonsense anymore.

Jacoby   I think you'd better think again about that.

STEP 4 위 대화문을 보고, MP3파일을 들으면서 따라 말해 보세요.

걔 정말 짜증나게 해.

STEP 1 대화문을 보고, 오늘의 표현을 빈칸에 영어로 적어 보세요.

Hannah 으, 난 로저 너무 싫어.

Brayden 왜? 괜찮은 애 같던데.

Hannah 계속 나한테 전화번호 달라고 조르잖아. <u>걔 정말 짜증나게 해.</u>

Brayden 왜 전화번호 주지 그랬어?

Hannah 야, 난 잘 알지도 못하는 남자들한테 내 전화번호 막 주고 그러지 않아.

STEP 2 MP3파일을 듣고, 자신의 답이 맞으면 네모 칸에 체크하세요.

STEP 3 정답과 설명을 확인하세요.

He gets under my skin.

get under someone's skin은 '~를 짜증나게 하다, 성미를 건드리다'라는 의미의 관용표현이에요. 내 피부 밑으로 뭔가 작은 불순물이 들어갔다고 상상해 보세요. 얼마나 짜증나고 괴롭겠어요. 하물며 사람이 내 피부 조직 안에 들어와 있다면 그것만큼 싫은 상황이 어디 있겠어요. 바로 그 느낌을 상상하며 이 표현을 외우면 절대 잊지 않을 거예요.

Hannah   Ugh, I can't stand Roger.

Brayden   Why? He seems like a nice guy.

Hannah   He keeps asking for my phone number. **He gets under my skin.**

Brayden   Why won't you give him your phone number?

Hannah   Hey, I don't give out my number to creepy guys.

STEP 4 위 대화문을 보고, MP3파일을 들으면서 따라 말해 보세요.

UNIT 096

너무 오버하지는 말자.

STEP 1 대화문을 보고, 오늘의 표현을 빈칸에 영어로 적어 보세요.

Luke 우리 결혼하면 아이들 한 다섯 명만 낳자.

Brooklyn 워, 너무 오버하지는 말자.

Luke 무슨 소리야?

Brooklyn 지금은 일단 주어진 일에 충실하고 그런 건 나중에 생각하자고.

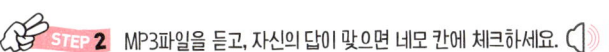

STEP 2 MP3파일을 듣고, 자신의 답이 맞으면 네모 칸에 체크하세요.

 **STEP 3** 정답과 설명을 확인하세요.

Let's not get carried away.

우리는 아주 광범위하게 '오버한다'는 표현을 쓰는데 실제로 영어에서 overdo(오버하다) 혹은 overreact(오버 반응을 하다)와 같은 표현들은 매우 한정적인 상황에서 쓰인답니다. 그렇기 때문에 이 표현들 외에도 오버하게 되는 다양한 상황에서 쓸 수 있는 표현들이 필요한데 be/get carried away가 그중 하나예요. '과하게 들뜨다, 흥분하다, 자제력을 잃다'는 의미로 쓰인답니다.

Luke   When we get married, we can have, like, 5 children.

Brooklyn   Whoa, **let's not get carried away.**

Luke   What do you mean?

Brooklyn   Let's focus on today and worry about that stuff later.

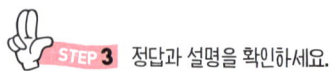 **STEP 4** 위 대화문을 보고, MP3파일을 들으면서 따라 말해 보세요.

그거 자꾸 신경에 거슬려.

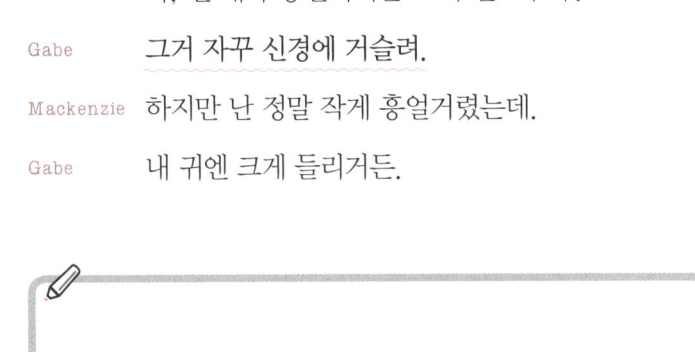

STEP 1 대화문을 보고, 오늘의 표현을 빈칸에 영어로 적어 보세요.

Gabe   왜 짜증나는 소음을 내는 거니?

Mackenzie 아, 넌 내가 흥얼거리는 소리 별로구나?

Gabe   그거 자꾸 신경에 거슬려.

Mackenzie 하지만 난 정말 작게 흥얼거렸는데.

Gabe   내 귀엔 크게 들리거든.

 **STEP 2** MP3파일을 듣고, 자신의 답이 맞으면 네모 칸에 체크하세요.

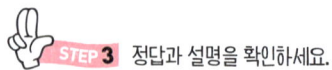 STEP 3 정답과 설명을 확인하세요.

It's getting on my nerves.

우리에게 아주 익숙한 단어 nervous(신경 쓰이는, 긴장되는, 불안한)의 어근은 nerve(신경)랍니다. 이 단어를 이용해서 '신경에 거슬리게 하다, 짜증나게 하다'는 말을 get on one's nerves라고 표현해요. 특히 TV 드라마를 보는데 중간에 광고가 5분마다 계속 나오거나, 집중해서 책 좀 읽으려는데 전화 벨이 계속 울려댈 때와 같이 신경에 거슬리는 일이 자꾸 반복되는 상황에서 주로 쓰여요.

Gabe	Why are you making that annoying noise?
Mackenzie	Aw, you don't like my humming?
Gabe	**It's getting on my nerves.**
Mackenzie	But I was humming really softly.
Gabe	It sounds pretty loud to me.

 STEP 4 위 대화문을 보고, MP3파일을 들으면서 따라 말해 보세요.

너 참 뻔뻔하구나.

STEP 1 대화문을 보고, 오늘의 표현을 빈칸에 영어로 적어 보세요.

Julian   그런 짓을 하고도 나한테 전화를 걸다니 너 참 **뻔뻔하구나**.

Kayla   내가 무슨 짓을 했는데?

Julian   잘 알 텐데! 네가 날 모욕했잖아!

Kayla   그럴 의도는 없었어. 우연히 그렇게 됐을 뿐이야.

Julian   날 찌질이라고 부른 게 어떻게 우연이야!

STEP 2 MP3파일을 듣고, 자신의 답이 맞으면 네모 칸에 체크하세요.

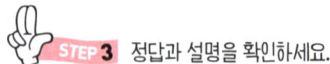 정답과 설명을 확인하세요.

You have a lot of nerve.

보통 구어체에서 '~할 만한 배짱이 있다'고 할 때 대표적으로 많이 쓰이는 표현들이 〈have guts to + 동사〉와 〈have a/the nerve to + 동사〉랍니다. 그런데 이 둘 중에서 have a/the nerve는 '뻔뻔하다, 낯짝이 두껍다'라는 부정적 의미로도 많이 쓰이는데 보통 You have some nerve. 혹은 You have a lot of nerve.(너 참 뻔뻔하구나.)와 같은 형식으로 자주 쓰여요.

Julian **You have a lot of nerve** calling me after what you did.

Kayla What did I do?

Julian You know what you did! You insulted me!

Kayla I didn't mean to. It was an accident.

Julian Calling me a loser is no accident!

 위 대화문을 보고, MP3파일을 들으면서 따라 말해 보세요.

나도 몰라.

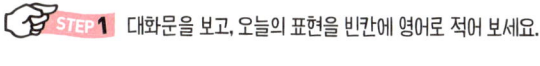

Elias 이 빵은 얼마나 구워야 하나요?

Lily 저도 몰라요.

Elias 왜 이러세요, 빵 굽기 전문가시잖아요.

Lily 음, 전문가 맞긴 한데요. 저는 빵 말고 과자 굽기 전문가예요.

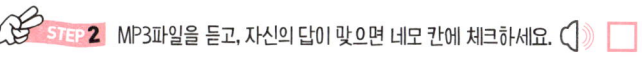

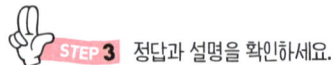 정답과 설명을 확인하세요.

Your guess is as good as mine.

이 문장을 직역하면 "네 추측이 나의 추측만큼이나 좋다."인데 이 말은 의역하면 네가 추측하는 것이나 내가 추측하는 것이나 별반 다를 바가 없으니 "너만큼 나도 잘 모른다.", "나도 몰라."라는 의미가 된답니다. 상대방이 어떤 질문을 할 때 I don't know.라고 대답하는 것과 같은 의미예요. 조금 다르게 I don't know any more than you do.라고 표현할 수도 있어요.

Elias How long should we bake this bread?

Lily **Your guess is as good as mine.**

Elias Come on, I thought you were an expert at baking.

Lily Well, you got that right. But I'm an expert at baking cookies, not bread.

 위 대화문을 보고, MP3파일을 들으면서 따라 말해 보세요.

내가 어떻게 알아?

STEP 1 대화문을 보고, 오늘의 표현을 빈칸에 영어로 적어 보세요.

Madison 매들린의 전화번호 뭐니?

Henry <u>내가 어떻게 알아?</u>

Madison 너 걔랑 친구잖아, 아니야?

Henry 아닌데. 나 그 애 두세 번 정도밖에 안 봤는데.

Madison 그렇구나.

STEP 2 MP3파일을 듣고, 자신의 답이 맞으면 네모 칸에 체크하세요.

How should I know?

상대방이 어떤 특정 사실에 대해 당연히 내가 알고 있을 거라 가정하고 물어볼 때 황당해하며 혹은 따지듯이 "내가 어떻게 알아?", "난들 알겠니?"라고 말할 때 쓰는 표현입니다. 보통 I 부분에 강세를 넣어서 네가 모르는 것처럼 '나'도 모른다고 강조하며 말해요. Why do you think I would know that?(왜 내가 그것을 알 거라고 생각하지?)처럼 길게 말할 필요 없이 이 표현을 쓰면 한결 간결하겠죠.

Madison   What's Madilynn's phone number?

Henry   **How should I know?**

Madison   You're friends with her, aren't you?

Henry   Not really. I've only met her a few times.

Madison   I see.

POP QUIZ 지금까지 배운 표현들을 영어로 적어 보세요.

01. 정말 다행이다.

02. 왜 시무룩한 얼굴을 하고 있어?

03. 너무 까다롭게 굴지 마!

04. 너 미쳤니?

05. 걔 정말 짜증나게 해.

06. 너무 오버하지는 말자.

07. 그거 자꾸 신경에 거슬려.

08. 너 참 뻔뻔하구나.

09. 나도 몰라.

10. 내가 어떻게 알아?

Answers p.344

CHAPTER

11

UNIT
101~110

내가 알기론 그렇지 않아.

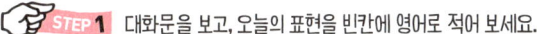 대화문을 보고, 오늘의 표현을 빈칸에 영어로 적어 보세요.

Wyatt 왜 애디슨이 나한테 말을 안 하는지 넌 아니?

Claire 애디슨이 너한테 말을 안 해?

Wyatt 응, 걔 나한테 무슨 불만 있거나 그런 거니?

Claire <u>내가 알기론 그렇지 않은데.</u>

Wyatt 알았어. 그럼 됐어.

 MP3파일을 듣고, 자신의 답이 맞으면 네모 칸에 체크하세요.

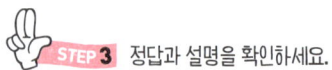 STEP 3 정답과 설명을 확인하세요.

Not that I know of.

상대방이 한 질문에 대해서 확실하진 않지만 내가 가진 정보를 바탕으로 "내가 알기에는 그렇지 않아."라고 말할 때 쓰는 표현이에요. 예를 들어, 상대방이 Has anyone called yet?(아직까지 전화한 사람 없어?)라고 묻거나, Does she have a boyfriend?(그녀는 남자친구가 있니?)와 같은 질문을 할 때 Not that I know of.(글쎄 내가 알기론 아직 없는데.)라고 대답한답니다.

Wyatt   Do you know why Addison isn't talking to me?

Claire   Addison isn't talking to you?

Wyatt   Yeah, does she have a problem or something?

Claire   **Not that I know of.**

Wyatt   All right. Never mind then.

 STEP 4 위 대화문을 보고, MP3파일을 들으면서 따라 말해 보세요.

넌 모르는 게 나아. / 몰라도 돼.

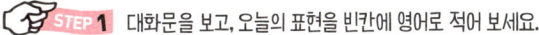

STEP 1 대화문을 보고, 오늘의 표현을 빈칸에 영어로 적어 보세요.

Caleb   왜 이렇게 시무룩해 있니, 오드리?

Audrey 넌 모르는 게 나아.

Caleb   아니 나도 알아야겠는데. 무슨 일이야?

Audrey 그냥 여자들만의 문제야.

Caleb   그래, 내가 모르는 게 나을 수도 있겠다.

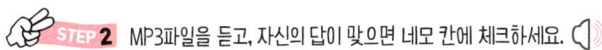

STEP 2 MP3파일을 듣고, 자신의 답이 맞으면 네모 칸에 체크하세요.

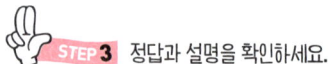 **STEP 3** 정답과 설명을 확인하세요.

You don't wanna know.

상대방의 질문에 답하기를 피하면서 차라리 안 듣는 편이 나을 거란 의미로 You don't wanna know.(넌 모르는 게 나아.)를 씁니다. 말해 주기 싫다고 하면 기분 나쁠 수도 있으니 상대방의 입장을 배려하는 것으로 봐도 좋을 것 같아요. "들어봐야 좋을 것 없어.", "내가 알려 줘 봐야 오히려 네 골치만 아플 거야."라는 뉘앙스를 갖고 있는 표현이랍니다.

Caleb   Why the long face, Audrey?

Audrey   **You don't wanna know.**

Caleb   Yes I do. What's going on?

Audrey   Oh, just girl things.

Caleb   Yeah, I probably don't want to know.

 **STEP 4** 위 대화문을 보고, MP3파일을 들으면서 따라 말해 보세요.

그건 모르는 일이지. / 그거야 알 수 없지.

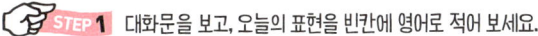

Chloe 제니한테 데이트 신청해 보지 그래?

Adam 싫어. 전에 한 번 했다가 거절당했거든.

Chloe 그녀의 마음이 바뀌었을 수도 있잖아. <u>그건 모르는 일이지.</u>

Adam 나 더 이상은 바보 되고 싶지 않아.

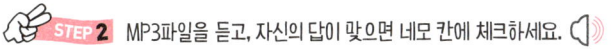

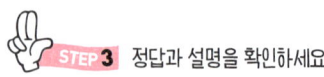 STEP 3 정답과 설명을 확인하세요.

You never know.

상대방이 어떤 일에 대해 단정적으로 생각하며 포기하려 하거나 시도조차 않으려 할 때 해 보지도 않고, 알아보지도 않고 어떻게 알겠냐며 "그건 알 수 없는 거야.", "그건 모르는 일이지."라는 의미로 쓰는 표현이에요. 특히 미래에 대해 긍정적인 희망을 담아 많이는 아닐지라도 조금의 가능성은 있을 거라는 뉘앙스를 담고 있어요.

Chloe Why don't you ask Jenny out on a date?

Adam No. I tried that once before and got rejected.

Chloe She might have changed her mind. **You never know.**

Adam I don't want to embarrass myself anymore.

 STEP 4 위 대화문을 보고, MP3파일을 들으면서 따라 말해 보세요.

(그런지 아닌지) 네가 어떻게 알아?

 대화문을 보고, 오늘의 표현을 빈칸에 영어로 적어 보세요.

Charlotte 바 저쪽에 있는 여자가 완전 너한테 푹 빠졌는데.

Mason 네가 어떻게 알아?

Charlotte 딱 보면 알겠는데 뭘. 널 계속 쳐다보고 있잖아.

Mason 정말? 가서 말 걸까?

Charlotte 아니, 우리 여기서 나가자. 저 여자 좀 오싹한 기운이 느껴져.

 MP3파일을 듣고, 자신의 답이 맞으면 네모 칸에 체크하세요.

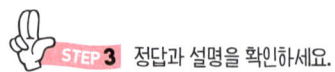
STEP 3 정답과 설명을 확인하세요.

How can you tell?

tell은 '말해 주다, 전하다, 알리다'라는 의미의 동사이지만, 무엇에 대해 '구별/식별하다' 혹은 '(정확히) 알다, 판단하다'라는 의미로도 쓰여요. How can you tell?에서는 tell이 '알다, 판단하다'의 의미로 쓰였네요. 예를 들어, I can tell he's angry.(난 그가 화났다는 걸 알 수 있어.) 그리고 How can you tell she's single?(그녀가 싱글이란 걸 어떻게 아니?) 이런 식으로 예측이나 추정할 때 많이 쓰여요.

Charlotte That girl over at the bar is so into you.

Mason **How can you tell?**

Charlotte It's so obvious. She's been staring at you the whole time.

Mason Really? Should I go talk to her?

Charlotte No, let's get out of here. She looks kind of creepy.

STEP 4 위 대화문을 보고, MP3파일을 들으면서 따라 말해 보세요.

뭐라고 얘기하기엔 너무 일러.

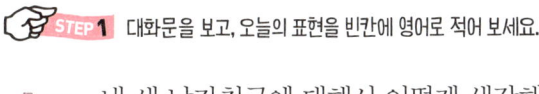 대화문을 보고, 오늘의 표현을 빈칸에 영어로 적어 보세요.

Tracy 내 새 남자친구에 대해서 어떻게 생각해?

Angus 뭐라고 말하기엔 너무 이른데, 트레이시.

Tracy 너무 이르다는 건 나도 알아. 하지만 그래도 네가 그 사람을 어떻게 생각하는지 알고 싶어.

Angus 아, 네 남자친구 돌아오고 있다. 이따 전화로 얘기해 줄게.

 MP3파일을 듣고, 자신의 답이 맞으면 네모 칸에 체크하세요.

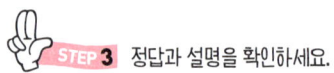 STEP 3 정답과 설명을 확인하세요.

It's too soon to tell.

여기에서 tell은 '구별/식별하다' 혹은 '알다/판단하다' 중 어떤 의미로 쓰였을까요? 지금의 경우에도 '판단하다'의 의미로 쓰였답니다. 위의 표현에 대한 해석은 "뭐라고 얘기하기엔 너무 일러."라고 했는데 의미를 풀어보면 "아직 뭐라고 판단하기엔 너무 이르다."는 뜻이죠. It's too soon to tell you about that.(너에게 그것에 관해 말해 주기엔 너무 이르다.)의 의미가 아니니까 오역하지 않도록 조심하세요.

Tracy   What do you think of my new boyfriend?

Angus   **It's too soon to tell**, Tracy.

Tracy   I know it's too soon. But still, I want to know what you think of him.

Angus   Oh, he's coming back. I'll tell you over the phone later.

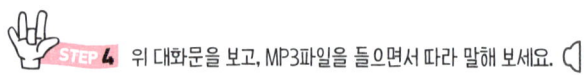 STEP 4 위 대화문을 보고, MP3파일을 들으면서 따라 말해 보세요.

내가 이런 건 빠삭해. / 내가 알아서 해.

STEP 1 대화문을 보고, 오늘의 표현을 빈칸에 영어로 적어 보세요.

Dexter 그 전선 비틀면 안 되는데.

Sidney 내가 이런 건 빠삭해.

Dexter 알았어. 그래도 조심하라고 혹시라도 안 -.

Sidney 이런! 끊어졌어!

Dexter 끊어지도록.

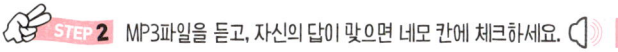 MP3파일을 듣고, 자신의 답이 맞으면 네모 칸에 체크하세요.

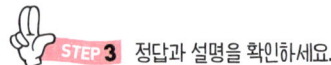 정답과 설명을 확인하세요.

I know what I'm doing.

내가 뭔가를 하고 있는데 상대방이 곁에서 훈수를 두거나 자꾸 이래라 저래라 잔소리하면 정말 귀찮죠. 그럴 때 "내가 알아서 해.", "나 이거 빠삭해."라는 의미로 I know what I'm doing.이라고 합니다. 이 문장은 함축적으로 쓰여서 의미상 뒤에 따라올 So don't tell me what to do.(그러니 이래라 저래라 하지 좀 마.)라는 말은 생략됐어요.

Dexter You're not supposed to twist that wire.

Sidney **I know what I'm doing.**

Dexter Ok. Just be careful that it doesn't —

Sidney Shoot! It snapped!

Dexter — snap.

 위 대화문을 보고, MP3파일을 들으면서 따라 말해 보세요.

시치미 떼지 마.

STEP 1 대화문을 보고, 오늘의 표현을 빈칸에 영어로 적어 보세요.

Ewan   빌이 누구야?

Amelia   빌이 누군데?

Ewan   <u>시치미 떼지 마</u>! 네 전화에 걔 이름 있는 거 다 봤어!

Amelia   아…… 빌! 그 사람 아무도 아냐. 그냥 직장 동료야.

Ewan   거짓말!

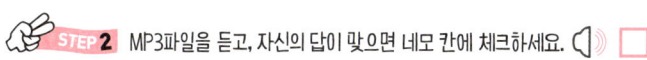

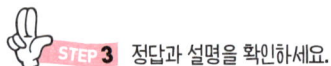 STEP 3 정답과 설명을 확인하세요.

Don't play dumb.

dumb은 '멍청한, (일시적으로) 말을 못하는, 황당한'이라는 의미의 형용사인데, 이 표현에서처럼 play와 함께 쓰이면 '벙어리 시늉/멍청한 척을 하다'라는 뜻이 됩니다. 더 나아가서 Don't play dumb!은 다 알고 있으면서 아무것도 모르는 것처럼 있을 때 "시치미 떼지 마!"라는 의미로 쓰는 표현이에요. 비슷한 표현으로 Don't play innocent!가 있습니다.

Ewan Who's Bill?

Amelia Who is Bill?

Ewan **Don't play dumb!** I saw his name in your phone!

Amelia Oh… Bill! He's nobody. Just a friend from work.

Ewan You're lying!

 STEP 4 위 대화문을 보고, MP3파일을 들으면서 따라 말해 보세요.

좋은 정보네. / 알게 되어 좋네.

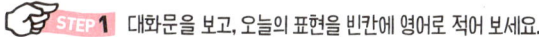 대화문을 보고, 오늘의 표현을 빈칸에 영어로 적어 보세요.

Jack   맥주 마시기 전에 위스키부터 마시면 안 돼요.

Sienna   정말요? 왜요?

Jack   그렇게 마시면 더 고생하게 돼요. 맥주를 먼저 마신 다음 위스키를 마시면, 괜찮을 거예요.

Sienna   오, 와우. <u>좋은 정보네요.</u>

 MP3파일을 듣고, 자신의 답이 맞으면 네모 칸에 체크하세요.

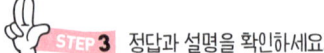 **STEP 3** 정답과 설명을 확인하세요.

Good to know.

상대방이 좋은 정보를 제공해 주거나 내가 미처 몰랐던 사실을 알려 줬을 때 "알게 되어 좋네.", "좋은 정보네."라는 의미로 쓰는 표현입니다. 대게 긍정적인 의미로 쓰이지만, 비아냥거리면서 "(그런 건 알고 싶지 않은데 굳이) 알려 줘서 고마워."라는 뉘앙스로 쓰이는 경우도 있답니다. 예를 들어, 상대방이 You look old.(너 늙어 보여.)라고 할 때 Good to know.(알려 줘서 고마워.)라고 대답하는 경우처럼 말이죠.

Jack   You shouldn't drink whiskey before beer.

Sienna Really? Why?

Jack   You'll get sicker if you do that. If you drink whiskey after beer, you won't have a problem.

Sienna Oh, wow. **Good to know.**

 **STEP 4** 위 대화문을 보고, MP3파일을 들으면서 따라 말해 보세요.

UNIT 109

그냥 네가 알아 둬야 할 것 같아서.

STEP 1 대화문을 보고, 오늘의 표현을 빈칸에 영어로 적어 보세요.

Rosie 이번 주말에 우리 부모님 오시기로 했어.

Thomas 뭐라고? 왜?

Rosie 이번 주 토요일이 우리 아버지 생신이거든. 그냥 네가 알아 둬야 할 것 같아서.

Thomas 오, 안 돼, 로지. 이번 주 토요일이 우리 100일째 되는 날이잖아.

Rosie 나도 알지만 항상 가족이 먼저야, 토마스.

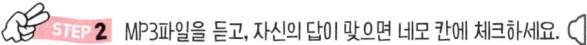

STEP 2 MP3파일을 듣고, 자신의 답이 맞으면 네모 칸에 체크하세요.

 **STEP 3** 정답과 설명을 확인하세요.

Just thought you should know.

"혹시 네가 모를 수도 있어서 하는 말이야.", "네가 알아 둬야 할 것 같아서."라는 의미로 쓰는 영어표현들이 꽤 많아요. 예를 들어, Just so you know, just to let you know, for your information, just in case (you didn't know)는 모두 같은 의미로 쓰이는 표현들이에요. 이 표현들 목록에 Just thought you should know.도 같이 포함시켜 주세요.

Rosie   My parents are coming by this weekend.

Thomas   What? Why?

Rosie   It's my dad's birthday on Saturday. **Just thought you should know.**

Thomas   Oh, no, Rosie. It's our 100th day anniversary on Saturday.

Rosie   I know but family always comes first, Thomas.

 **STEP 4** 위 대화문을 보고, MP3파일을 들으면서 따라 말해 보세요.

네 눈을 보면 알아.

STEP 1 대화문을 보고, 오늘의 표현을 빈칸에 영어로 적어 보세요.

Archie   너 요즘 만나는 사람 있지, 맞지?

Faith   장난 아닌데! 너 어떻게 알았어?

Archie   네 눈을 보면 알아.

Faith   정말 내 눈을 보면 그게 보여?

Archie   완전!

STEP 2 MP3파일을 듣고, 자신의 답이 맞으면 네모 칸에 체크하세요.

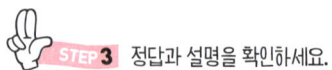 STEP 3 정답과 설명을 확인하세요.

I can see it in your eyes.

어떤 사람이 뭔가에 아주 푹 빠져 있으면 우린 그의 눈빛만 봐도 그걸 알 수 있지요. 그럴 때 이 표현을 씁니다. 같은 상황에서 It shows in your eyes.(네 눈에 다 드러나 보여.)라고 표현할 수도 있어요. 또 비슷하게 I can tell by the look on your face.(네 표정만 봐도 알 수 있어.)라고도 말해요. in your eyes에는 전치사 in이 쓰였고, the look on your face에는 on이 쓰인 것, 잘 구분해 주세요.

Archie You're seeing someone right now, aren't you?
Faith   That's amazing! How did you know?
Archie **I can see it in your eyes.**
Faith   Does it really show in my eyes?
Archie Totally!

 STEP 4 위 대화문을 보고, MP3파일을 들으면서 따라 말해 보세요.

POP QUIZ 지금까지 배운 표현들을 영어로 적어 보세요.

01. 내가 알기론 그렇지 않아.

___

02. 넌 모르는 게 나아. / 몰라도 돼.

___

03. 그건 모르는 일이지. / 그거야 알 수 없지.

___

04. (그런지 아닌지) 네가 어떻게 알아?

___

05. 뭐라고 얘기하기엔 너무 일러.

___

06. 내가 이런 건 빠삭해. / 내가 알아서 해.

___

07. 시치미 떼지 마.

___

08. 좋은 정보네. / 알게 되어 좋네.

___

09. 그냥 네가 알아 둬야 할 것 같아서.

___

10. 네 눈을 보면 알아.

___

Answers p.344

네 얼굴에 다 쓰여 있어.

STEP 1 대화문을 보고, 오늘의 표현을 빈칸에 영어로 적어 보세요.

Darcy   넌 나한테 거짓말하고 있어.

Joseph   뭐? 무슨 소리야?

Darcy   네 얼굴에 다 쓰여 있다고!

Joseph   아냐! 난 진실을 말하고 있어.

Darcy   신에게 맹세해?

Joseph   절대 맹세 같은 건 하지 말라고 성경에 쓰여 있어.

STEP 2 MP3파일을 듣고, 자신의 답이 맞으면 네모 칸에 체크하세요.

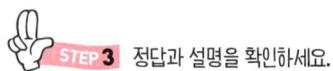 STEP 3 정답과 설명을 확인하세요.

It's written all over your face.

뛰어난 사기꾼이나 포커페이스가 아닌 이상 보통 사람들은 자신의 감정을 숨기려 해도 잘 안 되죠. 그렇게 감정이 잘 안 숨겨져서 얼굴에 다 드러나는 것을 보고 우리는 "네 얼굴에 다 쓰여 있어."라고 말하잖아요? 그것을 영어로 표현할 때도 우리말과 비슷하게 It's written all over your face.라고 해요. 비슷하게 It shows on your face.라고 할 수도 있어요.

Darcy You're lying to me.

Joseph What? What are you talking about?

Darcy **It's written all over your face!**

Joseph No! I'm telling you the truth.

Darcy Do you swear to God?

Joseph The Bible says one should never swear.

 STEP 4 위 대화문을 보고, MP3파일을 들으면서 따라 말해 보세요.

보면 알아. / 가 보면 알아. / 열어 보면 알아.

STEP 1 대화문을 보고, 오늘의 표현을 빈칸에 영어로 적어 보세요.

Finley   네가 오늘 앨리스가 좀 이상해 보인다고 그랬지?

Beatrice 응, 완전히.

Finley   어떤 식으로?

Beatrice 보면 알아.

Finley   그냥 말해 줘!

STEP 2 MP3파일을 듣고, 자신의 답이 맞으면 네모 칸에 체크하세요.

STEP 3 정답과 설명을 확인하세요.

You'll see.

상대방이 궁금해하며 뭔가를 알려 달라고 할 때 제대로 대답은 안 하고 감질나게 "너도 보면 알아.", "너도 가 보면 알아." "두고 보면 알게 될 거야."라는 의미로 말할 때 You'll see.라고 해요. 때때로 "(내 말이 맞았다는 걸) 너도 보면 알아."라는 뜻으로 쓰이는 경우도 있어요. 예를 들어, It'll be great, you'll see.(아주 멋질 거야, 너도 보면 알아.) 이런 식으로요.

Finley   You said Alice looks weird today?

Beatrice   Yeah, totally.

Finley   How?

Beatrice   **You'll see.**

Finley   Just tell me!

STEP 4 위 대화문을 보고, MP3파일을 들으면서 따라 말해 보세요.

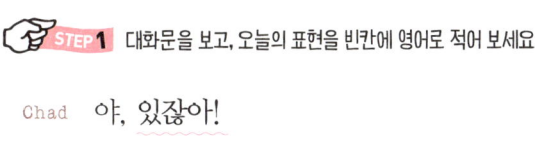

STEP 1 대화문을 보고, 오늘의 표현을 빈칸에 영어로 적어 보세요.

Chad 야, 있잖아!

Alicia 뭔데?

Chad 나 다시 취직했어!

Alicia 정말? 어디서 일하는데?

Chad 세차장에서! 정말 대단하지 않니?

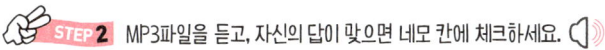

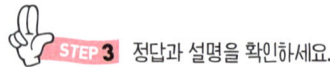 정답과 설명을 확인하세요.

Guess what!

Guess what!은 상대방이 흥미로워할 만한 뉴스거리가 있을 때 그 내용을 말하기 전에 상대방의 관심을 끌려고 툭 던지듯이 하는 말이에요. 우리말로 번역하자면 "야 있잖아." "들어볼래?" "무슨 일이 있었는지 알아?"와 같은 느낌이랍니다. 같은 상황에서 좀 더 길게 You would never guess what happened! 이런 식으로 말할 수도 있고, You know what!이라고 말하는 경우도 많아요.

Chad Hey, **guess what!**

Alicia What?

Chad I got a new job!

Alicia Really? Where'd you get a new job?

Chad At the car wash! Isn't that great?

UNIT 114

그런 거 있잖아.

STEP 1 대화문을 보고, 오늘의 표현을 빈칸에 영어로 적어 보세요.

Amanda 왜 남자들은 다 항상 바쁘다고 하는 거니?

Robert 아, 뭐 너도 알다시피, 그런 거 있잖아.

Amanda 아니, 난 모르는데. 네가 얘기해 주면 안 되겠니?

Robert 기분 나쁘게 받아들이진 마. 근데 내 생각엔 아마도 걔네들이 음…… 너에게 특별한 감정이 없어서 그런 게 아닐까.

Amanda 아, 그런 거구나.

STEP 2 MP3파일을 듣고, 자신의 답이 맞으면 네모 칸에 체크하세요.

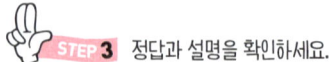 STEP 3 정답과 설명을 확인하세요.

It's just one of those things.

흔히들 생각하는, 혹은 알고 있는 것에 대해서 정확하게 묘사하지 않고 "왜 그런 거 있잖아.", "흔히들 알고 있는 그런 거."라며 말꼬리를 흐릴 때 쓰는 표현이에요. 정확하게 콕 집어서 말하면 상대방이 기분 나빠할 수도 있기 때문에 이렇게 말하기도 하지요. one of those를 발음할 때는 보통 one of를 붙여서 가볍게 [워네]로 발음한답니다.

Amanda   Why do guys always say they are busy?

Robert   Well, you know, **it's just one of those things.**

Amanda   No, I don't know. Why don't you tell me why?

Robert   No offense, but I think they say that because they hmm… may not have feelings for you.

Amanda   Oh, I see.

 STEP 4 위 대화문을 보고, MP3파일을 들으면서 따라 말해 보세요.

그냥 궁금해서.

STEP 1 대화문을 보고, 오늘의 표현을 빈칸에 영어로 적어 보세요.

Joe 이번 주말에 뭐 해?

Amber 아직 딱히 계획은 없어. 근데 왜 묻는데?

Joe 음…… 그냥 궁금해서.

Amber 난 또 나한테 데이트 신청하거나 뭐 그러는 줄 알았네.

Joe 그래도 돼? 나 너하고 엄청 데이트 하고 싶어!

 **STEP 2** MP3파일을 듣고, 자신의 답이 맞으면 네모 칸에 체크하세요.

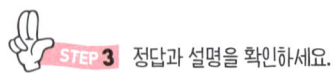 정답과 설명을 확인하세요.

Just wondering.

왜 그런 걸 묻느냐는 말에 "그냥 궁금해서."라고 답할 때 사용하는 표현이에요. 문장으로 말하고 싶다면 I was just wondering.이라고 해도 좋아요. 이것과 비슷하게 상대방이 어떤 이유에 대해 물을 때 우리는 특별히 대답할 말이 없거나 답하기 귀찮을 때 "그냥."이라고 말하잖아요. 그럴 때 영어로는 Just because.라고 한답니다.

Joe   What are you doing this weekend?
Amber   I have no plans yet. But why do you ask?
Joe   Well… **just wondering**.
Amber   I thought you were going to ask me out or something.
Joe   May I? I would love to go out with you!

 위 대화문을 보고, MP3파일을 들으면서 따라 말해 보세요.

그러니 네가 친구가 없는 거야.

STEP 1 대화문을 보고, 오늘의 표현을 빈칸에 영어로 적어 보세요.

Bryan 너 머리 잘랐어?

Crystal 알아봐 줘서 고마워! 새로 한 머리 어때?

Bryan 지난번 머리가 더 나은 것 같은데.

Crystal 그러니 네가 친구가 없는 거야.

 MP3파일을 듣고, 자신의 답이 맞으면 네모 칸에 체크하세요.

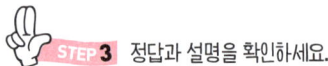 **STEP 3** 정답과 설명을 확인하세요.

No wonder you don't have any friends.

no wonder는 직역하면 '궁금할 게 없다'인데 이 말은 곧 '아 이제 왜 그런지 알겠다, 궁금증이 풀렸다'라는 의미가 되지요. 어떤 상황에 대해서 궁금증이 풀리거나 어떤 결론에 도달하게 됐을 때 '아 그래서 그런 거구나, 어쩐지'라는 뉘앙스의 문장을 쓸 때 No wonder ~로 시작하는 경우가 많은데 오늘 배운 표현이 부정적인 의미로 쓰였지만 긍정적인 의미로 쓰일 때도 있어요.

Bryan   Did you get a haircut?
Crystal Thanks for noticing! What do you think of my new hair?
Bryan   I think I like the old one better.
Crystal **No wonder you don't have any friends.**

 **STEP 4** 위 대화문을 보고, MP3파일을 들으면서 따라 말해 보세요.

내 기억이 맞다면

 대화문을 보고, 오늘의 표현을 빈칸에 영어로 적어 보세요.

Brandon 앨리는 어디 출신이니?

Kimberly 내 기억이 맞다면, 베를린에서 왔을걸.

Brandon 독일? 난 걔 러시아에서 왔는 줄 알았는데.

Kimberly 넌 정말 걔에 대해서 아는 게 하나도 없구나, 응?

Brandon 그런 것 같네…….

 MP3파일을 듣고, 자신의 답이 맞으면 네모 칸에 체크하세요.

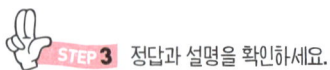 STEP 3 정답과 설명을 확인하세요.

If my memory serves me right

'내 기억이 맞다면'이라는 의미의 표현인데 끝에 두 단어를 빼고 If my memory serves라고 짧게 표현해도 괜찮아요. 또 앞부분의 my를 생략하고 if memory serves (right)라고 하는 경우도 많고, 같은 의미로 If I remember correctly 혹은 if I remember rightly 등도 자주 쓰여요. 비슷한 표현이 참 많죠? 모두 한꺼번에 외우려면 힘들 수 있으니 오늘 배운 표현 위주로 외워 보세요.

Brandon   Where does Ally come from?

Kimberly **If my memory serves me right**, I think Berlin.

Brandon   Germany? I thought she came from Russia.

Kimberly You really don't know anything about her, do you?

Brandon   I guess not…

 STEP 4 위 대화문을 보고, MP3파일을 들으면서 따라 말해 보세요.

네가 뭘 모르나 본데 / 한 가지 알려 두자면

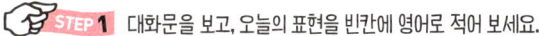

Steven   인삼 주스를 도대체 왜 마셔야 하죠? 너무 맛없어요.

Angela   <u>네가 뭘 모르나 본데</u>, 이게 건강에 정말 좋단다.

Steven   그런 거 관심 없어요. 맛이 너무 이상하다고요!

Angela   그럼 네 맘대로 하렴.

 MP3파일을 듣고, 자신의 답이 맞으면 네모 칸에 체크하세요.

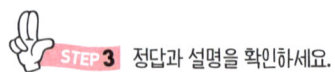 STEP 3 정답과 설명을 확인하세요.

For your information

'네가 뭘 모르나 본데, 한 가지 알려 두자면'이라는 해석에서 알 수 있듯이 상대방이 뭔가 잘 모르고 있거나 인지하지 못하고 있다는 가정 하에 조언이나 충고하듯이 말하는 표현이에요. 상황에 따라서는 약간 거들먹거리거나 상대방을 얕잡아보는 듯한 태도로 말하는 경우도 있어요. 그래서 논쟁에서 많이 쓰여요. 약어로 FYI라고 말하는 경우도 꽤 많으니 함께 알아 두세요.

Steven   What's the point of drinking ginseng juice? It tastes terrible.

Angela   **For your information** it's really good for your health.

Steven   I don't care. It tastes awful!

Angela   Suit yourself.

 STEP 4 위 대화문을 보고, MP3파일을 들으면서 따라 말해 보세요.

명심할게. / 기억하고 있을게.

STEP 1 대화문을 보고, 오늘의 표현을 빈칸에 영어로 적어 보세요.

Andrea 절대 친구에게 돈 빌려주지 말아라.

Jeremy 그럴 만한 이유라도 있나요?

Andrea 그럼. 돈을 빌려주게 되면, 대게 돈도 잃고 친구도 잃게 된단다.

Jeremy 아, 명심할게요.

STEP 2 MP3파일을 듣고, 자신의 답이 맞으면 네모 칸에 체크하세요.

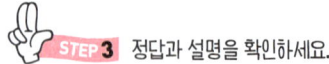 STEP 3 정답과 설명을 확인하세요.

I'll keep that in mind.

상대방이 해 준 조언이나 충고를 잊지 않고 잘 기억하겠다는 의미로 "명심할게.", "기억하고 있을게."라고 말하는 표현입니다. in mind(마음속에) keep(지키다, 간직하다)의 표현에서 알 수 있듯이 그 말을 유념하며 중요하게 잘 간직하겠다는 말이죠. 동사를 keep 대신 bear로 쓰는 경우도 있답니다. 명령형으로 Keep that in mind!라고 하면 Be sure to remember!(꼭 기억해!)라는 뜻이에요.

Andrea Don't ever lend money to friends.

Jeremy Is there a reason for that?

Andrea Yeah. If you do, more often than not, you lose both money and friendship.

Jeremy Oh, **I'll keep that in mind.**

 STEP 4 위 대화문을 보고, MP3파일을 들으면서 따라 말해 보세요.

UNIT 120

깜박했어.

STEP 1 대화문을 보고, 오늘의 표현을 빈칸에 영어로 적어 보세요.

Shannon 쓰레기 버리라는 거 잊지 않았지?

Jacob 음…….

Shannon 잊었구나, 그렇지?

Jacob <u>깜박했어요.</u>

Shannon 넌 참 잘도 깜박깜박하는구나!

 MP3파일을 듣고, 자신의 답이 맞으면 네모 칸에 체크하세요.

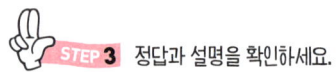 STEP 3 정답과 설명을 확인하세요.

It slipped my mind.

slip은 '미끄러지다'라는 의미의 동사인데 slipped my mind(내 마음을 미끄러졌다)는 '내 마음에서 미끄러지듯 나도 모르게 빠져나갔다'는 얘기, 곧 '깜박했다'는 뜻이에요. 기억이 머릿속에 가만히 잘 붙어 있어야 되는데 미끄러져 나가서 기억이 나질 않는다는 거죠. 간단하게 말해 slip one's mind는 forget과 같은 의미의 관용표현이랍니다. I forgot.과 It slipped my mind.는 동의 표현이에요.

Shannon   Did you remember to take out the trash?
Jacob   Um…
Shannon   You forgot, didn't you?
Jacob   **It slipped my mind.**
Shannon   You're so forgetful!

 STEP 4 위 대화문을 보고, MP3파일을 들으면서 따라 말해 보세요.

POP QUIZ 지금까지 배운 표현들을 영어로 적어 보세요.

01. 네 얼굴에 다 쓰여 있어.

---

02. 보면 알아. / 가 보면 알아. / 열어 보면 알아.

---

03. 있잖아!

---

04. 그런 거 있잖아.

---

05. 그냥 궁금해서.

---

06. 그러니 네가 친구가 없는 거야.

---

07. 내 기억이 맞다면

---

08. 네가 뭘 모르나 본데 / 한 가지 알려 두자면

---

09. 명심할게. / 기억하고 있을게.

---

10. 깜박했어.

Answers p.345

UNIT 121

그건 생각도 안 해 봤어.

STEP 1 대화문을 보고, 오늘의 표현을 빈칸에 영어로 적어 보세요.

Scott   왜 라이언한테 돼지라고 부르니? 걔가 얼마나 예민한지 너도 잘 알잖아.

Vanessa   그건 생각도 안 해 봤어. 그냥 웃겨서 그런 거야.

Scott   웃기긴 했는데…… 그래도 그런 말은 하지 말았어야 했어.

Vanessa   알았어. 내일 라이언한테 사과할게.

STEP 2 MP3파일을 듣고, 자신의 답이 맞으면 네모 칸에 체크하세요.

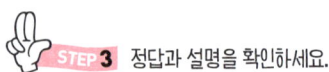 정답과 설명을 확인하세요.

It never crossed my mind.

cross one's mind는 '생각이 문득 떠오르다, 문득 생각나다'라는 의미의 숙어예요. cross가 동사로 쓰이면 '가로지르다'라는 뜻이니까, 어떤 생각이 마음속을 가로지른다고 보면 이해하기 쉬울 거예요. 같은 의미로 come into one's mind나 enter one's mind와 같은 표현들도 많이 쓰여요. 다시 말해, 오늘 배운 표현을 It never came into my mind. 혹은 It never entered my mind.로도 표현할 수 있답니다.

Scott   Why did you call Ryan a pig? You know he's sensitive.

Vanessa   **It never crossed my mind.** I just thought it was funny.

Scott   It was… but you still shouldn't have said that.

Vanessa   All right. I'll apologize to him tomorrow.

 위 대화문을 보고, MP3파일을 들으면서 따라 말해 보세요.

UNIT 122

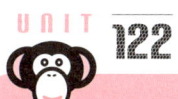

내 기억에는 그래.

STEP 1 대화문을 보고, 오늘의 표현을 빈칸에 영어로 적어 보세요.

Travis 우리 시내로 가는 지하철에서 처음 만났지.

Anne 우리가 처음 만난 곳 거기 아닌데.

Travis 내 기억에는 그래.

Anne 아이고, 네 기억이 잘못된 거야. 우린 필 생일파티에서 만났어.

Travis 아, 그렇네…….

STEP 2 MP3파일을 듣고, 자신의 답이 맞으면 네모 칸에 체크하세요. □

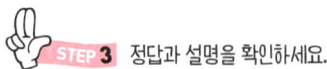 정답과 설명을 확인하세요.

That's the way I remember it.

지난 일들에 대해 이야기를 나누다가 상대방이 나의 기억에 대해 미심쩍어할 때 확실한 증거를 제시할 수는 없지만 "내 기억에는 그래."라고 말할 때 쓰는 표현입니다. 기억이란 원래 잘 왜곡되고 미화되는 것이다 보니 정확한 기억을 해낸다는 게 거의 불가능하잖아요. 그렇게 정확하게 기억이 나지 않을 때는 내 기억이 맞다고 무조건 우기기보다는 한번 이 표현을 활용해 보세요.

Travis   We first met on the subway going downtown.

Anne   That is not where we first met.

Travis   **That's the way I remember it.**

Anne   Well, you remember wrong. We met at Phil's birthday party.

Travis   Oh, yeah…

 위 대화문을 보고, MP3파일을 들으면서 따라 말해 보세요.

무슨 생각해?

 대화문을 보고, 오늘의 표현을 빈칸에 영어로 적어 보세요.

Bradley 무슨 생각해?

Tara 회사에서 좀 문제가 있어서.

Bradley 아이고, 안타깝네.

Tara 급여를 20% 삭감한다고 하네.

Bradley 말도 안 돼. 그건 너무 심하다.

 MP3파일을 듣고, 자신의 답이 맞으면 네모 칸에 체크하세요.

STEP 3 정답과 설명을 확인하세요.

What's on your mind?

"네 마음속에 무엇이 있니?" 곧 "무슨 생각해?"라는 의미의 표현입니다. 이 표현을 외울 때 조심할 것은 전치사가 on이라는 거예요. '~을 염두에 두다, 생각하다'는 의미로 쓰이는 have something in mind 혹은 '유념/명심하다'는 의미로 쓰이는 keep/bear in mind라는 표현들 때문에 전치사가 헷갈릴 수 있기 때문이에요. 오늘 배운 표현은 꼭 What's on your mind?라고 있는 그대로 외워 주세요.

Bradley **What's on your mind?**

Tara I'm having some problems at work.

Bradley Oh, that's too bad.

Tara They are cutting my pay by 20%.

Bradley Oh, no. That's too much.

STEP 4 위 대화문을 보고, MP3파일을 들으면서 따라 말해 보세요.

네 생각은 어때? / 넌 어때?

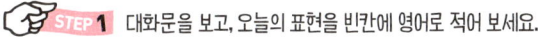

Cody 이번 주말에 해변으로 놀러 가자! 네 생각은 어때?

Brandy 글쎄. 난 그냥 집에서 좀 쉬고 싶은데.

Cody 왜? 날씨가 정말 좋을 거라던데!

Brandy 미안, 난 별로 그럴 기분이 아니야.

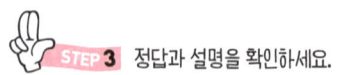 STEP 3 정답과 설명을 확인하세요.

What do you say?

"네 생각은 어때?"를 영어로 표현해 보면 What do you think?라고 하는 게 더 좋을 것 같지만 think는 좀 더 구체적인 상대방의 생각과 의견을 요구하는 경우에 쓰인답니다. 반면에 What do you say?는 영화를 보러 가자거나 주말에 등산을 가자고 제안하면서 "어때?" 하고 상대방의 빠른 대답을 종용하는 상황에서 주로 쓰여요. "너의 대답/결정은 무엇이니? 어서 대답해 봐." 정도의 느낌이라 할 수 있죠.

Cody   Let's go to the beach this weekend! **What do you say?**

Brandy   I don't know. I kind of want to stay in and just relax.

Cody   Why? The weather will be great!

Brandy   Sorry, I'm just not feeling it.

 STEP 4 위 대화문을 보고, MP3파일을 들으면서 따라 말해 보세요.

UNIT 125

왜 그렇게 생각하는데?

STEP 1 대화문을 보고, 오늘의 표현을 빈칸에 영어로 적어 보세요.

Chelsea 너 나 정말 싫어하지, 그렇지?

Juan 왜 그렇게 생각하는데?

Chelsea 넌 날 거의 쳐다보지도 않잖아. 내가 마치 여기 있지도 않은 것처럼 말이야!

Juan 난 지금 너랑 얘기하고 있는걸!

STEP 2 MP3파일을 듣고, 자신의 답이 맞으면 네모 칸에 체크하세요.

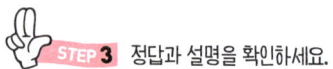 STEP 3 정답과 설명을 확인하세요.

What makes you think that?

이 표현은 간단히 말해 Why do you think that? 혹은 Why do you say that?과 같은 의미예요. "왜 그렇게 생각하는 거야?", "무슨 근거로 그런 생각을 하는 거야?"로 해석하면 자연스러워요. 이 문장의 마지막 단어를 so로 대체해서 What makes you think so?도 자주 쓰고, 동사를 think 대신 say로 써서 What makes you say that?이라고 하는 경우도 많답니다. 의미는 모두 같아요.

Chelsea You really don't like me, do you?

Juan **What makes you think that?**

Chelsea You barely look at me. It's like I'm not even here!

Juan I'm talking to you right now!

 STEP 4 위 대화문을 보고, MP3파일을 들으면서 따라 말해 보세요.

내 생각은 다른데.

STEP 1 대화문을 보고, 오늘의 표현을 빈칸에 영어로 적어 보세요.

Rich 한글 배우는 게 영어 배우는 것보다 훨씬 더 어려워.

Sandy 내 생각은 다른데.

Rich 그거야 네가 한국 사람이니까 그렇지.

Sandy 아니, 내 생각엔 네가 미국 사람이라서 그렇게 말하는 것 같아.

STEP 2 MP3파일을 듣고, 자신의 답이 맞으면 네모 칸에 체크하세요.

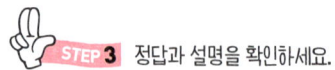 **STEP 3** 정답과 설명을 확인하세요.

I beg to differ.

내 의견이 상대방과 다를 때 정중하게 "제 생각은 좀 다른데요."라고 말할 때 쓰는 표현이에요. beg는 '간청하다, 애원하다'라는 의미죠. 같은 상황에서 I beg to differ. 대신 I beg to disagree.라고 할 수도 있어요. 우리가 보통 동의하지 않는다고 할 때 I disagree. 또는 I disagree with you.라고 하는 것처럼 이 표현도 I beg to differ with you. 혹은 I beg to disagree with you.라고 쓸 수 있답니다.

Rich Learning Korean is way more difficult than learning English.

Sandy **I beg to differ.**

Rich You say that because you are Korean.

Sandy No, I think you say that because you are American.

 **STEP 4** 위 대화문을 보고, MP3파일을 들으면서 따라 말해 보세요.

누가 생각이나 했겠어? / 누가 알았겠어?

STEP 1 대화문을 보고, 오늘의 표현을 빈칸에 영어로 적어 보세요.

Johnny   너 그거 알아? 댄하고 린다가 결혼한대.

Leslie   진짜? 우와! 누가 생각이나 했겠어?

Johnny   그러게 말이야. 걔네들 서로 꼴도 보기 싫어했잖아.

Leslie   사랑이란 정말 어떻게 될지 아무도 모르는 거네.

STEP 2   MP3파일을 듣고, 자신의 답이 맞으면 네모 칸에 체크하세요.

Who would have thought?

예상 밖의 깜짝 놀랄 만한 소식을 접했을 때 쓰는 표현이에요. "그런 일이 있으리라고 누가 생각이나 했겠어?"라는 의미인데 질문이라기보다는 감탄문에 가깝지요. 이 표현 그대로 쓰기도 하지만 뒤에 that절을 덧붙여서 문장을 길게 만들어 쓰기도 해요. 예를 들어, Who would've thought that dreams come true?(꿈이 이루어질 거라고 누가 생각이나 했겠어?)처럼 말이죠.

Johnny You know what? Dan and Linda are getting married.
Leslie Really? Wow! **Who would've thought?**
Johnny I know. They used to hate each other's guts.
Leslie When it comes to love, you never know.

UNIT 128

꿈도 꾸지 마.

STEP 1 대화문을 보고, 오늘의 표현을 빈칸에 영어로 적어 보세요.

Natasha 너희 형 만나는 사람 없지, 그렇지?

Douglas 뭐라고? 왜?

Natasha 난…… 그냥 물어보는 거야.

Douglas <u>꿈도 꾸지 마</u>! 너하고 우리 형하고는 전혀 안 맞아.

STEP 2 MP3파일을 듣고, 자신의 답이 맞으면 네모 칸에 체크하세요.

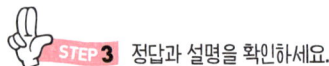

STEP 3 정답과 설명을 확인하세요.

Don't even think about it.

"감히 ~할 생각도 마.", "꿈도 꾸지 마."라는 의미로 쓰는 표현이에요. 예전에 90년 대 유명 농구선수 샤킬 오닐(Shaquille O'Neal)이 펩시콜라 광고에서 펩시 캔을 들고 있는 꼬마 팬에게 "Hey, can I have it?"(얘야, 그거 아저씨가 마셔도 될까?)이라고 했는데, 꼬마 아이가 바로 오늘의 표현 Don't even think about it!(꿈도 꾸지 마세요!)이라고 되받아쳤답니다. 어떤 느낌인지 아시겠죠?

Natasha Your brother isn't dating anyone, is he?

Douglas What? Why?

Natasha I'm… just asking.

Douglas **Don't even think about it!** He's not right for you.

STEP 4 위 대화문을 보고, MP3파일을 들으면서 따라 말해 보세요.

그건 꿈도 안 꿔.

STEP 1 대화문을 보고, 오늘의 표현을 빈칸에 영어로 적어 보세요.

Stacey 냉장고에 있는 아이스크림 내 꺼야.

Carlos 알았어.

Stacey 진짜로. 절대로 먹을 생각하지도 마!

Carlos <u>그건 꿈도 안 꿔.</u>

Stacey 당연히 그래야지.

STEP 2 MP3파일을 듣고, 자신의 답이 맞으면 네모 칸에 체크하세요.

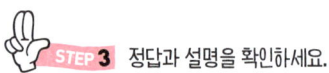 STEP 3 정답과 설명을 확인하세요.

I wouldn't dream of it.

"그건 꿈도 안 꿔.", "그런 건 바라지도 않고 생각도 안 해."라고 할 때 쓰는 표현이에요. 어떤 일을 함부로 했다가는 되레 화를 입을 수도 있는 상황에서 감히 그런 건 시도할 생각조차 않겠다는 거예요. 이해하기 쉬운 문장으로 표현하면 I wouldn't even consider it.과 같습니다. 문장 끝에 있는 it을 동명사로 바꿔서 <I wouldn't dream of +동명사> 형식으로도 자주 쓰여요. I wouldn't dream of lying to you.(내가 설마 너에게 거짓말을 하겠니.) 이런 식으로 말이죠.

Stacey The ice cream in the fridge is mine.
Carlos Ok.
Stacey I mean it. Don't even think about eating it!
Carlos **I wouldn't dream of it.**
Stacey You'd better not.

 STEP 4 위 대화문을 보고, MP3파일을 들으면서 따라 말해 보세요.

그러고 보니 / 생각해 보니

STEP 1 대화문을 보고, 오늘의 표현을 빈칸에 영어로 적어 보세요.

Melanie 너하고 내가 마지막으로 같이 술 마시러 갔던 게 언제였지?

Ian 기억도 안 나네. 정말 너무 오래된 것 같아.

Melanie 작년이었나?

Ian 그러고 보니, 한 5년은 된 것 같다.

Melanie 오, 이런. 진짜 세월 빠르구나.

STEP 2 MP3파일을 듣고, 자신의 답이 맞으면 네모 칸에 체크하세요.

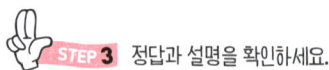 STEP 3 정답과 설명을 확인하세요.

Come to think of it

이야기를 나누다가 과거 어떤 일에 대해서 정확히 기억 나지 않거나 미처 생각 못하다가 뒤늦게 기억 났을 때 "아 그러고 보니", "생각해 보니"라는 의미로 이 표현을 씁니다. 간단히 말해, I just remembered.라는 의미예요. 관용적으로 굳어진 표현이기 때문에 주어와 동사를 넣은 일반문장 형식으로 만들지 말고 이 표현 그대로 써 주세요.

Melanie   When was the last time you and I went out drinking together?

Ian   I can't even remember. I think it's been too long.

Melanie   Was it sometime last year?

Ian   **Come to think of it**, I think it was like 5 years ago.

Melanie   Oh, man. Time flies indeed.

 STEP 4 위 대화문을 보고, MP3파일을 들으면서 따라 말해 보세요.

 지금까지 배운 표현들을 영어로 적어 보세요.

01. 그건 생각도 안 해 봤어.

___

02. 내 기억에는 그래.

___

03. 무슨 생각해?

___

04. 네 생각은 어때? / 넌 어때?

___

05. 왜 그렇게 생각하는데?

___

06. 내 생각은 다른데.

___

07. 누가 생각이나 했겠어? / 누가 알았겠어?

___

08. 꿈도 꾸지 마.

___

09. 그건 꿈도 안 꿔.

___

10. 그러고 보니 / 생각해 보니

___

Answers p.345

말이 나와서 말인데

STEP 1 대화문을 보고, 오늘의 표현을 빈칸에 영어로 적어 보세요.

Valerie 나 가게에 가야 되는데. 같이 갈래?

Erik 그래. 말이 나와서 말인데, 로또 판매점도 잠깐 들러도 될까?

Valerie 너 로또 하니?

Erik 음, 항상 하는 건 아냐. 어젯밤에 꿈을 꿨는데, 로또 복권에 6자리 숫자가 쓰여 있는 걸 봤거든.

STEP 2 MP3파일을 듣고, 자신의 답이 맞으면 네모 칸에 체크하세요.

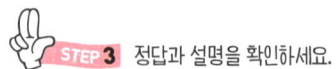 정답과 설명을 확인하세요.

Speaking of which

대화를 나누다가 "그 얘기가 나와서 말인데"라고 할 때 쓰는 표현이에요. 이 표현을 쓰는 상황에서 which 부분은 상대방이 얘기하고 있는 특정 내용, 대상으로 바꿔 쓸 수 있답니다. 예를 들어, 상대방이 자신의 남자친구 이야기를 하고 있었다면, speaking of your boyfriend(네 남자친구 얘기가 나와서 말인데), 영화 얘기를 하고 있었다면 speaking of that movie(그 영화 얘기가 나와서 말인데)와 같이 말이죠.

Valerie I need to go to the store. Want to come?

Erik Sure. **Speaking of which**, can we stop by a lottery store too?

Valerie You play the lottery?

Erik Well, not always. But I had a dream last night where I saw 6 digits on a lottery ticket.

 위 대화문을 보고, MP3파일을 들으면서 따라 말해 보세요.

자꾸 생각나게 하지 마.

STEP 1 대화문을 보고, 오늘의 표현을 빈칸에 영어로 적어 보세요.

Alyssa 너 그때 지하철역 계단에 걸려 넘어졌던 거 기억나?

Vern 아, 이런. <u>자꾸 생각나게 하지 마.</u>

Alyssa 그때 진짜 웃겼어!

Vern 그리고 엄청 아팠지.

STEP 2 MP3파일을 듣고, 자신의 답이 맞으면 네모 칸에 체크하세요.

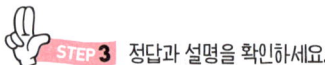 정답과 설명을 확인하세요.

Don't remind me.

상대방이 기억하고 싶지 않은 이야기를 꺼낼 때 "그 얘기 자꾸 꺼내지 마.", "자꾸 생각나게 하지 마."라는 의미로 쓰는 표현이에요. remind가 '상기시키다, 기억나도록 다시 한 번 알려 주다'라는 의미잖아요. 그러니까 자꾸 그 일을 나에게 상기시키지 말라는 뜻이죠. 평서문으로 You don't have to remind me.(그 얘기를 자꾸 할 필요는 없잖아.)라고 표현하는 경우도 많아요.

Alyssa   Remember when you tripped on the subway stairs?
Vern   Oh, god. **Don't remind me.**
Alyssa   That was the funniest!
Vern   And the most painful.

 위 대화문을 보고, MP3파일을 들으면서 따라 말해 보세요.

긍정적으로 생각해.

STEP 1 대화문을 보고, 오늘의 표현을 빈칸에 영어로 적어 보세요.

Jasmine 자기가 우리 부모님 댁에 가기 싫어하는 거 알아.

Vinnie 거의 고문이야. 부모님이 날 싫어하시잖아!

Jasmine 긍정적으로 생각해! 1년에 딱 한 번뿐이잖아.

Vinnie 어쨌든 가야 하는 거잖아!

STEP 2 MP3파일을 듣고, 자신의 답이 맞으면 네모 칸에 체크하세요.

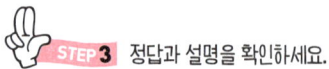 STEP 3 정답과 설명을 확인하세요.

Look on the bright side.

처한 상황에 대해서 긍정적으로 생각하고 밝은 면을 보라고 할 때 쓰는 표현이에요. Look 다음에 오는 전치사가 on이라는 것에 주목하세요. 무엇을 보라고 할 때 보통 look at이라고 하기 때문에 전치사가 헷갈릴 수 있으니까요. 이 문장의 끝에 of things를 넣어서 look on the bright side of things.(매사에 낙관적으로/긍정적으로 생각해.)라고 써도 좋습니다. 반대되는 의미의 표현을 쓰고 싶을 때는 bright를 dark(어두운)로 바꿔 주면 된답니다.

Jasmine   I know you don't want to go to my parent's house.
Vinnie   It's going to be torture. They hate me!
Jasmine   **Look on the bright side!** It's only once a year.
Vinnie   But we still have to go!

 STEP 4 위 대화문을 보고, MP3파일을 들으면서 따라 말해 보세요.

UNIT 134

나 다시 생각 좀 하고 있어.

STEP 1 대화문을 보고, 오늘의 표현을 빈칸에 영어로 적어 보세요.

Sandy 자기야, 이번 주말에 공원에 갈까?

Brent 음…… 샌디, <u>나 다시 생각 좀 하고 있어.</u>

Sandy 뭐에 대해서?

Brent 우리의 관계에 대해서.

Sandy 뭐야? 너 진심이야?

STEP 2 MP3파일을 듣고, 자신의 답이 맞으면 네모 칸에 체크하세요.

STEP 3 정답과 설명을 확인하세요.

I'm having second thoughts.

무엇에 대해서 확신이 서지 않거나 마음이 바뀌어서 다시 한 번 생각하게 될 때 쓰는 표현이에요. 다양한 경우에 쓸 수 있는 표현이지만 특히 이성 관계에 대해서 이야기할 때 자주 등장한답니다. 이럴 때는 I'm thinking again.이라 하지 않고 I'm having second thoughts.라고 해요. 이때 thoughts에서 -s는 항상 붙여야 합니다.

Sandy Hey, do you want to go to the park this weekend?
Brent Um… Sandy, **I'm having second thoughts.**
Sandy About what?
Brent About our relationship.
Sandy What? Are you serious?

STEP 4 위 대화문을 보고, MP3파일을 들으면서 따라 말해 보세요.

넌 이성적으로 생각하고 있지 않아.

STEP 1 대화문을 보고, 오늘의 표현을 빈칸에 영어로 적어 보세요.

Wesley   이것 좀 봐. 나 새 차 샀어.

Candice   너 돈 없는 줄 알았는데.

Wesley   인생은 한 번뿐이잖아. 하고 싶은 걸 하며 살아야지.

Candice   넌 이성적으로 생각하고 있지 않아.

Wesley   나 제정신이야. 그러지 말고, 내가 차 태워 줄게. 어서 타!

 **STEP 2** MP3파일을 듣고, 자신의 답이 맞으면 네모 칸에 체크하세요.

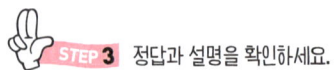 **STEP 3** 정답과 설명을 확인하세요.

You're not thinking straight.

상대방이 실연을 당했거나 큰 충격을 받았다던지, 혹은 평상시보다 많이 흥분해서 판단력이 흐려졌을 때 쓰는 표현이에요. think straight은 think clearly와 같은 의미로 '제대로 생각하다, 이성적으로 생각하다'라는 뜻인데, 주로 부정형 문장에서 쓰여요. 예를 들어, I can't think straight.(제대로 된 생각을 할 수 없어. / 판단력이 흐려졌어.)와 같이 쓰인답니다.

Wesley   Check it out. I bought a new car.

Candice   I thought you had no money.

Wesley   You only live once. You got to do what you want to do.

Candice   **You're not thinking straight.**

Wesley   Yes I am. Come on, I'll give you a lift. Hop in!

 **STEP 4** 위 대화문을 보고, MP3파일을 들으면서 따라 말해 보세요.

너 내가 아는 사람하고 닮았어.

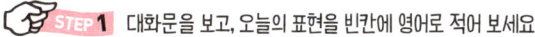 대화문을 보고, 오늘의 표현을 빈칸에 영어로 적어 보세요.

Curtis 우와, 이거 진짜 재미있네요.

Alexi 뭐가 재미있는데요?

Curtis 당신이 제가 아는 사람하고 닮았어요.

Alexi 정말로요? 누구요?

Curtis 제 첫사랑이요.

Alexi 이봐요, 전 그런 거에 안 넘어가요.

 MP3파일을 듣고, 자신의 답이 맞으면 네모 칸에 체크하세요.

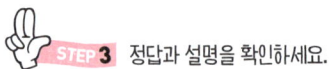 정답과 설명을 확인하세요.

You remind me of someone I know.

"너 내가 아는 사람과 많이 닮았어."라는 의미로 쓰는 표현인데 Do I know you?(혹시 우리 아는 사이 아닌가요?)와 함께 좋아하는 이성에게 접근해서 처음 건네는 작업용 멘트로 많이 쓰여요. 문장의 끝부분을 살짝 바꿔서 You remind me of someone I used to know. 혹은 You remind me of someone I once knew.와 같이 쓰기도 합니다.

Curtis Wow, this is really kind of funny.

Alexi What is so funny?

Curtis **You remind me of someone I know.**

Alexi Really? Who?

Curtis My first love.

Alexi Hey, I'm not falling for that.

 위 대화문을 보고, MP3파일을 들으면서 따라 말해 보세요.

뭐라고? / 다시 한 번 말해 줄래?

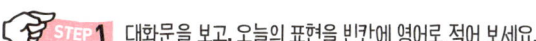 대화문을 보고, 오늘의 표현을 빈칸에 영어로 적어 보세요.

Victor   우와, 클레어 정말 죽여준다.

Brittany   뭐라고?

Victor   들었으면서 왜 그래, 브리트니. 클레어 정말 예쁘다고.

Brittany   걔 화장 지운 거 보면 절대 그렇게 생각 안 할걸.

 MP3파일을 듣고, 자신의 답이 맞으면 네모 칸에 체크하세요.

STEP 3 정답과 설명을 확인하세요.

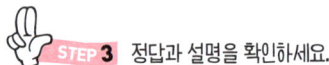

상대방의 말을 잘못 알아들었을 때, 혹은 듣긴 들었는데 상대방이 한 말이 당황스럽거나 믿기지 않을 때 쓰는 비격식적 표현이에요. 같은 의미로 What did you say? / What was that? / Say what? 등도 많이 쓰여요. 약간 격식을 차려 말할 때는 Excuse me?라고 하고, 더 정중하게 표현할 때는 Pardon me? 혹은 I beg your pardon?이라고 하지요.

Victor　Man, Claire is so hot.

Brittany　**Come again?**

Victor　You heard me, Brittany. Claire is gorgeous.

Brittany　I don't think you would say that if you saw her without makeup.

 위 대화문을 보고, MP3파일을 들으면서 따라 말해 보세요.

나 아직 말 안 끝났어.

STEP 1 대화문을 보고, 오늘의 표현을 빈칸에 영어로 적어 보세요.

Christian 미안하지만 난 이제 가 봐야 해.

Nancy 나 아직 말 안 끝났어!

Christian 나 정말 가 봐야 돼. 나중에 다시 얘기하면 안 될까?

Nancy 안 돼, 아무데도 못 가!

STEP 2 MP3파일을 듣고, 자신의 답이 맞으면 네모 칸에 체크하세요.

STEP 3 정답과 설명을 확인하세요.

I'm not finished with you.

업무와 관련해 중요한 이야기를 하거나 아이에게 훈계하고 있는데 상대방이 이야기 중간에 자리를 뜨려고 할 때 "나 아직 얘기 안 끝났어.", "아직 내 말 안 끝났어."라는 의미로 쓰는 표현입니다. I still have more to say to you.(나 아직 너에게 할 말이 더 남았어.)라는 의미죠. 이 표현은 관용표현이기 때문에 있는 그대로 써야 합니다. 문장을 살짝 바꾸고 싶은 유혹이 오더라도 참아 주세요.

Christian I'm sorry but I have to go now.

Nancy **I'm not finished with you!**

Christian I really have to go. Can we talk some other time?

Nancy No, you are not going anywhere!

STEP 4 위 대화문을 보고, MP3파일을 들으면서 따라 말해 보세요.

할 말을 잃었어.

 대화문을 보고, 오늘의 표현을 빈칸에 영어로 적어 보세요.

Cameron 사브리나, 고백할 게 있어.

Sabrina 워워, 너 왜 갑자기 진지하게 구는 거야?

Cameron 너에게 항상 하고 싶었던 얘기야. 널 사랑해.

Sabrina 난 할 말을 잃었다.

 MP3파일을 듣고, 자신의 답이 맞으면 네모 칸에 체크하세요.

STEP 3 정답과 설명을 확인하세요.

I'm speechless.

너무 화나거나 놀라거나 충격을 받았을 때 혹은 큰 감동을 받았을 때 speechless라는 형용사를 쓰면 그 감정의 정도를 극대화해서 표현할 수 있어요. 영어로 정의해 보면 I cannot think of anything to say.가 돼요. 같은 상황에서 I don't know what to say.라는 표현도 자주 쓰니 알아 두세요.

Cameron   Sabrina, I have a confession to make.

Sabrina   Whoa, why are you being so serious all of a sudden?

Cameron   I've always wanted to tell you this. I'm in love with you.

Sabrina   **I'm speechless.**

STEP 4 위 대화문을 보고, MP3파일을 들으면서 따라 말해 보세요.

UNIT 140

내가 어디까지 얘기했지?

STEP 1 대화문을 보고, 오늘의 표현을 빈칸에 영어로 적어 보세요.

Troy 그러고 나서 그가 말하기를 –

Gina 이거 어디다 둬야 하니?

Troy 탁자 위에. 내가 어디까지 얘기했지? 아 그래, 그러고 나서 그가 말하기를 –

Gina 그럼 이건?

Troy 나 이야기하는 중이잖아!

 MP3파일을 듣고, 자신의 답이 맞으면 네모 칸에 체크하세요.

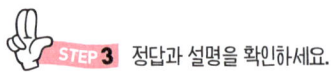 **STEP 3** 정답과 설명을 확인하세요.

Where was I?

한참 이야기를 하다가 어떤 상황으로 인해 잠시 멈추게 된 후, 다시 하던 이야기를 계속하려 할 때 "내가 어디까지 얘기했지?"에 해당하는 표현이에요. 이런 상황에서 괜히 복잡하게 영작하려고 애쓸 필요 없이 간단하게 Where was I?라고 하면 된답니다. 비슷한 상황에서 Where were we?라고 해도 되는데, 이 표현은 수업 시간에 선생님이 "지난 시간에 어디까지 했더라?", "조금 아까 우리 어디까지 했지?"라고 물을 때 자주 쓰여요.

Troy   And then he said —

Gina   Where does this go?

Troy   On the table. **Where was I?** Oh yeah, then he said —

Gina   How about this?

Troy   I'm telling a story here!

 **STEP 4** 위 대화문을 보고, MP3파일을 들으면서 따라 말해 보세요.

POP QUIZ 지금까지 배운 표현들을 영어로 적어 보세요.

01. 말이 나와서 말인데

___

02. 자꾸 생각나게 하지 마.

___

03. 긍정적으로 생각해.

___

04. 나 다시 생각 좀 하고 있어.

___

05. 넌 이성적으로 생각하고 있지 않아.

___

06. 너 내가 아는 사람하고 닮았어.

___

07. 뭐라고? / 다시 한 번 말해 줄래?

___

08. 나 아직 말 안 끝났어.

___

09. 할 말을 잃었어.

___

10. 내가 어디까지 얘기했지?

___

Answers p.345

CHAPTER

16

-

UNIT
141~150

많이 소문 내.

STEP 1 대화문을 보고, 오늘의 표현을 빈칸에 영어로 적어 보세요.

Bobby 우리 유럽 갈 거다! 많이 소문 내!

Krista 누구한테 얘기해 주길 원하니?

Bobby 모두에게 다!

Krista 그럼 그냥 페이스북에 올리는 게 낫지 않아?

Bobby 오, 그래. 좋은 생각이야.

STEP 2 MP3파일을 듣고, 자신의 답이 맞으면 네모 칸에 체크하세요.

STEP 3 정답과 설명을 확인하세요.

Get the word out.

"(많이) 소문 내."라는 의미로 쓰는 표현입니다. word는 words가 아닌 s 없이 단수로 쓰이니 주의하세요. 같은 의미로 동사만 바꿔서 put the word out이나 spread the word라고도 하는데, spread the word out 이라고는 쓰지 않으니 주의하세요. 이 모든 경우에 rumor(소문)라는 단어는 넣을 필요가 없답니다.

Bobby   We're going to Europe! **Get the word out!**
Krista Who do you want me to tell?
Bobby   Everybody!
Krista Shouldn't you just post it on Facebook then?
Bobby   Oh, yeah. Good idea.

STEP 4 위 대화문을 보고, MP3파일을 들으면서 따라 말해 보세요.

사돈 남 말 하네. / 누가 할 소리.

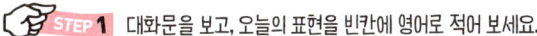

STEP 1 대화문을 보고, 오늘의 표현을 빈칸에 영어로 적어 보세요.

Robin 베티는 남 험담하기를 진짜 좋아해.

Allen 사돈 남 말 하네.

Robin 너 그게 무슨 의미니?

Allen 네가 지금 걔 험담하고 있잖아.

Robin 아냐, 난 아니야!

 MP3파일을 듣고, 자신의 답이 맞으면 네모 칸에 체크하세요.

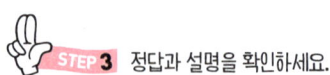 **STEP 3** 정답과 설명을 확인하세요.

Look who's talking.

"사돈 남 말하네."와 같은 표현이 영어에도 있다니 정말 반갑지 않나요? 이 표현은 상대방이 자신도 똑같다는 건 생각 않고 남을 비방하거나 욕할 때 쓴답니다. 직역하면 "누가 얘기하고 있는지 봐." 즉 "그런 이야기를 하고 있는 네 자신을 좀 들여다봐." 이런 얘기죠. 예를 들어 I'm lazy? Look who's talking!(내가 게으르다고? 사돈 남 말하네!) 이렇게 활용하면 됩니다.

Robin   Betty is such a gossip.
Allen   **Look who's talking.**
Robin   What's that supposed to mean?
Allen   You're gossiping about her right now.
Robin   No, I'm not!

 **STEP 4** 위 대화문을 보고, MP3파일을 들으면서 따라 말해 보세요.

너나 그렇지.

STEP 1 대화문을 보고, 오늘의 표현을 빈칸에 영어로 적어 보세요.

Andre 우린 멕시코 음식 안 좋아해.

Dawn 너나 그렇지. 난 진짜 좋아해.

Andre 그래? 너 나한테 그런 얘기한 적 없잖아.

Dawn 그냥 그런 얘기를 나눈 적이 없었던 거지.

STEP 2 MP3파일을 듣고, 자신의 답이 맞으면 네모 칸에 체크하세요.

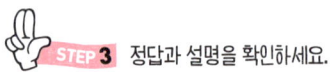 정답과 설명을 확인하세요.

Speak for yourself.

상대방이 어떤 경험이나 취향, 의견에 대해서 나까지 포함시켜 그와 같은 것처럼 얘기할 때 "너나 그렇지 난 아냐."라고 말하는 상황에서 쓰는 표현이에요. 예를 들어, 상대방이 We had a really good time.(우리 정말 재미있게 놀았어.)라고 하는데 난 사실 그렇지 않았다면 Speak for yourself. I had a terrible time.(너나 그렇지. 난 정말 재미없었어.)처럼 쓸 수 있어요.

Andre   We don't like Mexican food.

Dawn   **Speak for yourself.** I love it.

Andre   Really? You never mentioned it to me before.

Dawn   It's never come up in conversation.

 위 대화문을 보고, MP3파일을 들으면서 따라 말해 보세요.

호랑이도 제 말하면 온다더니.

STEP 1 대화문을 보고, 오늘의 표현을 빈칸에 영어로 적어 보세요.

Caleb   호랑이도 제 말하면 온다더니.

Wendy   너희들 내 얘기하고 있었니?

Caleb   네가 집 근처에서 길 잃었던 얘기를 하고 있었어.

Wendy   그 얘기 하고 싶지 않아.

 **STEP 2** MP3파일을 듣고, 자신의 답이 맞으면 네모 칸에 체크하세요.

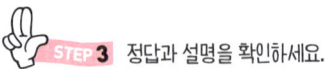 정답과 설명을 확인하세요.

Speak of the devil

우리말 속담과 딱 들어맞는 영어표현이 가끔 있는데 그중 하나가 Speak of the devil. 이에요. 물론 호랑이가 devil(악마)로 바뀌긴 했지만 말이죠. 외국인과 대화할 때 "호랑이도 제 말하면 온다더니."라고 말하고 싶은 상황이 오면 꼭 이 표현을 활용해 보세요. 참, 주의할 점은 맨앞에 오는 동사 Speak를 To speak로 바꾸거나 Speaking이라고 바꾸면 안 돼요! 있는 그대로 통째로 외워서 활용해 주세요.

Caleb **Speak of the devil.**

Wendy Were you talking about me?

Caleb We were just saying how you got lost in your own hometown.

Wendy I don't want to talk about that.

 위 대화문을 보고, MP3파일을 들으면서 따라 말해 보세요.

이제야 말이 통하네. / 진작 그렇게 나와야지.

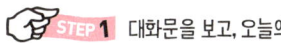 대화문을 보고, 오늘의 표현을 빈칸에 영어로 적어 보세요.

Marc 술 마시러 가자.

Desiree 오늘 밤에는 별로 술이 안 당기네.

Marc 그럼 영화 보러 갈까?

Desiree 흠, 지금 상영 중인 영화는 이미 다 봤는걸.

Marc 그럼, 쇼핑 갈래?

Desiree 이제야 말이 통하네. 아주 좋은 생각이야!

 MP3파일을 듣고, 자신의 답이 맞으면 네모 칸에 체크하세요.

STEP 3 정답과 설명을 확인하세요.

Now you're talking.

대화에서 상대방이 내가 원하는 것이 무엇인지 모르고 헛다리를 짚고 있거나, 거래를 하려는데 내가 원하는 조건을 제시하지 않다가 비로소 마음에 드는 제안을 할 때 "이제야 말이 통하는군.", "진작 그렇게 나왔어야지."라는 의미로 쓰는 표현입니다. Now you are saying the right things.(이제서야 제대로 된 말을 하는 군.) 이런 뜻이죠.

Marc   Let's go for a drink.
Desiree   I don't feel like drinking tonight.
Marc   How about going to the movies?
Desiree   Well, I've already seen all the movies out in theaters right now.
Marc   Then, do you want to go shopping?
Desiree   **Now you're talking.** Great idea!

STEP 4 위 대화문을 보고, MP3파일을 들으면서 따라 말해 보세요.

너야 쉽게 말하지.

STEP 1 대화문을 보고, 오늘의 표현을 빈칸에 영어로 적어 보세요.

Garrett 이 게임은 진짜 단순해서 아무나 할 수 있어.

Linda 너야 쉽게 말하지. 넌 게임의 달인이잖아.

Garrett 이 게임은 정말 너무 쉽다니까.

Linda 일단 보고 나서 믿을지 말지 결정할게.

STEP 2 MP3파일을 듣고, 자신의 답이 맞으면 네모 칸에 체크하세요.

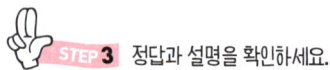 정답과 설명을 확인하세요.

That's easy for you to say.

상대방의 입장이나 처지, 상황은 고려하지 않고 자신의 입장에서만 쉽게 말할 때 "네 입장에서 그렇게 말하기는 쉽겠지."라고 할 때 쓰는 표현입니다. 예를 들어, "너는 원래 그런 걸 잘하니까.", "너는 이 방면에 전문가니까.", "너는 돈이 많으니까.", "너는 잘생겼으니까." 하는 식으로 상대방이 나보다 비교 우위의 상황에 있으면서 마치 어떤 일이 굉장히 쉬운 것처럼 말할 때 불만을 토로하듯 표현하는 것이죠.

Garrett This game is so simple anyone can play.
Linda   **That's easy for you to say.** You're a gamer.
Garrett But the game is literally so simple.
Linda   I'll believe it when I see it.

내가 방금 크게 말했니?

STEP 1 대화문을 보고, 오늘의 표현을 빈칸에 영어로 적어 보세요.

Danny 빅토리아는 정말 못된 계집애야.

Lori 워워, 뭐라고?

Danny 이런, 내가 방금 크게 말했니?

Lori 응, 그랬어. 너 걔한테 안 좋은 감정 있니?

Danny 사실 그래.

STEP 2 MP3파일을 듣고, 자신의 답이 맞으면 네모 칸에 체크하세요.

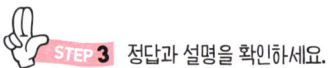 **STEP 3** 정답과 설명을 확인하세요.

Did I just say that out loud?

다른 사람이 들을 수 있게 크게 입 밖으로 소리 낼 때 out loud라는 표현을 씁니다. 예를 들어, '크게 소리 내어 웃다'는 laugh out loud, '크게 소리 내어 울다'는 cry out loud, '크게 소리 내어 읽다'는 read out loud라고 하죠. 그런데 이 기본패턴을 이용해서 머릿속에서 생각하던 것을 자신도 모르게 무심코 입 밖으로 냈을 때는 Did I just say that out loud? (내가 방금 크게 말했니?)라고 표현하기도 한답니다.

Danny Victoria is such a bitch.

Lori Whoa, what?

Danny Oops, **did I just say that out loud?**

Lori Yes, you did. Have a problem with her?

Danny As a matter of fact I do.

 **STEP 4** 위 대화문을 보고, MP3파일을 들으면서 따라 말해 보세요.

말해 봐.
(상대방이 할 말이 있다고 할 때)

STEP 1 대화문을 보고, 오늘의 표현을 빈칸에 영어로 적어 보세요.

Vince 좀 진지하게 할 말이 있어요.

Kelly 저한테는 뭐든 말할 수 있잖아요. 말해 봐요.

Vince 저 누군가와 사랑에 빠진 것 같아요.

Kelly 저도 아는 사람인가요?

Vince 바로 당신이에요! 사랑해요, 켈리 씨!

STEP 2 MP3파일을 듣고, 자신의 답이 맞으면 네모 칸에 체크하세요.

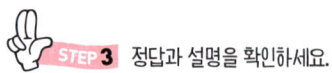 정답과 설명을 확인하세요.

Lay it on me.

lay something on someone은 '누군가에게 어떤 계획이나 고민거리 등을 세세하게 혹은 장황하게 이야기하다' 라는 의미의 구어체 표현이에요. Lay it on me.라고 하면 상대방이 고민거리나 할 말이 있다고 할 때 "나한테 다 털어놔 봐.", "가감 없이 다 얘기해."라는 의미예요. 다른 예로, I'm going to lay a great idea on you.(내가 아주 멋진 아이디어가 있는데 너에게 다 얘기해 줄 테니 들어봐.)와 같이 쓸 수 있어요.

Vince   I need to tell you something serious.

Kelly   You can tell me anything. **Lay it on me.**

Vince   I'm in love with someone.

Kelly   Is it someone I know?

Vince   It's you! I love you Kelly!

 위 대화문을 보고, MP3파일을 들으면서 따라 말해 보세요.

말해 봐. / 뱉어.
(상대방이 말하기를 주저할 때)

STEP 1 대화문을 보고, 오늘의 표현을 빈칸에 영어로 적어 보세요.

Lee 글쎄, 나는…… 음…… 그냥…….

Tamara 제발 좀. 말해 봐!

Lee 화 안 내겠다고 약속해.

Tamara 할 말이 뭔지 그냥 말해!

Lee 미안하지만 너한테 말 못 하겠어.

Tamara 으, 너 때문에 미쳐 죽겠다!

STEP 2 MP3파일을 듣고, 자신의 답이 맞으면 네모 칸에 체크하세요.

STEP 3 정답과 설명을 확인하세요.

Spit it out.

우리의 입 안에 있는 '침, 타액'은 saliva이고 '침을 뱉다'라고 표현할 때는 동사 spit을 써요. 침을 뱉듯이 무언가 입 안에 있는 것을 내뱉으라고 할 때 Spit it out!이라고 합니다. 그런데 이 표현은 실제로 입 안에 있는 것을 뱉으라고 할 때도 쓰이지만 상대방이 뭔가 할 말이 있는데 망설이고 있을 때 "(뜸들이지 말고) 말해 봐."라고 할 때도 쓰여요.

Lee	Well, I… um… just…
Tamara	Come on. **Spit it out!**
Lee	Promise me you won't get mad.
Tamara	Just tell me what you have to tell me!
Lee	I'm sorry but I don't think I can tell you.
Tamara	Ugh, you are killing me!

STEP 4 위 대화문을 보고, MP3파일을 들으면서 따라 말해 보세요.

자세히 얘기해 봐.

STEP 1 대화문을 보고, 오늘의 표현을 빈칸에 영어로 적어 보세요.

Jimmy 너 어젯밤에 헨리가 뭐라고 했는지 들었니?

Lacey 아니. 자세히 얘기해 봐.

Jimmy 온라인에서 새로운 배우자를 찾고 있대.

Lacey 그걸 어떻게 한다는 거야?

Jimmy 중매 사이트를 통해서 하겠대.

STEP 2 MP3파일을 듣고, 자신의 답이 맞으면 네모 칸에 체크하세요.

Fill me in.

fill in은 빈칸이나 비워 있는 부분 등을 '채우다'라는 의미인데, 이 표현에서처럼 Fill me in.(나를 채우라.)은 내가 모르는 정보를 나에게 채워 달라는 의미입니다. 그 말은 곧, 어떤 일이 일어났는지에 관해 자세히 얘기해 달라는 것이죠. 특히, TV 드라마나 뉴스 혹은 최근에 있었던 일을 상대방이 이야기하는데 내가 그것에 대해서 잘 모르고 있을 때 자주 쓰게 되는 표현입니다.

Jimmy   Did you hear what Henry was talking about last night?
Lacey   No. **Fill me in.**
Jimmy   He's looking for a new wife online.
Lacey   How's he going to do that?
Jimmy   Through a matchmaking website.

POP QUIZ

지금까지 배운 표현들을 영어로 적어 보세요.

01. 많이 소문 내.

---

02. 사돈 남 말하네. / 누가 할 소리.

---

03. 너나 그렇지.

---

04. 호랑이도 제 말하면 온다더니

---

05. 이제야 말이 통하네. / 진작 그렇게 나와야지.

---

06. 너야 쉽게 말하지.

---

07. 내가 방금 크게 말했니?

---

08. 말해 봐. (상대방이 할 말이 있다고 할 때)

---

09. 말해 봐. / 뱉어. (상대방이 말하기를 주저할 때)

---

10. 자세히 얘기해 봐.

Answers p.343

★ 수고하셨습니다! 책을 끝까지 다 봤으면 처음으로 돌아가서 STEP 2의 네모 칸에 체크하지 못한 표현들을 다시 맞혀 보세요. 모르는 표현이 없을 때까지 반복해 보세요!

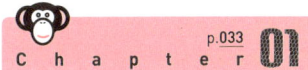

01. What's up?
02. How's it going?
03. How you doing?
04. How you holding up?
05. How have you been?
06. Same old, same old.
07. It's been a long time.
08. You haven't changed a bit.
09. What are you up to?
10. How's school?

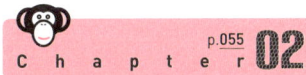

01. How was your day?
02. How did it go?
03. Are you having fun?
04. So far so good.
05. Have we met before?
06. I don't think we've met.
07. Have you two met?
08. Did you get to know each other?
09. Do I know you?
10. I've heard so much about you.

01. What do you do for fun?
02. What brings you here?
03. You made it.
04. Sorry I'm late.
05. Where have you been?
06. Excuse me for a second.
07. See you.
08. Have a good one.
09. Take care of yourself.
10. Don't be a stranger.

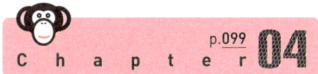

01. Here you go.
02. There you go.
03. There you are.
04. That's it.
05. This is it.
06. Are we there yet?
07. Here we are.
08. Here we go again.
09. Don't mention it.
10. My pleasure.

01. I can't thank you enough.
02. It's the least I can do.
03. I'm flattered.
04. You made my day!
05. I'll take that as a compliment.
06. You shouldn't have.
07. I owe you one.
08. Good for you.
09. Are you seeing anyone?
10. Will you go out with me?

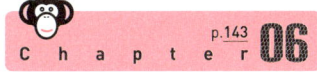

01. Did you ask her out?
02. We broke up.
03. I got dumped.

04. I got stood up.
05. I had a crush on you in high school.
06. I'm drawn to you.
07. I'm so into you.
08. I've always had a thing for you.
09. I still have feelings for her.
10. I always fall for the wrong guys.

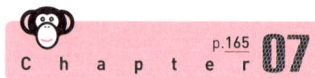

01. Are you hitting on me?
02. Are you coming on to me?
03. He cheated on me.
04. Did you knock her up?
05. Stop sleeping around.
06. She's out of your league.
07. She's a keeper.
08. You two are made for each other.
09. Stop sending me mixed signals.
10. I feel the same way about you.

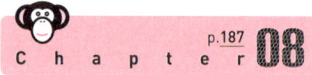

01. I connect with him on so many levels.
02. It's hard to imagine her with that guy.
03. We're newlyweds.
04. We hit it off.
05. We don't get along very well.
06. I don't fit in here.
07. He's a good friend of mine.

08. What is she like?
09. We made up.
10. Do you wanna hang out?

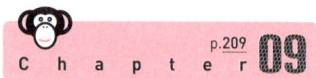

01. Let's get together for lunch sometime.
02. I got your back.
03. Whose side are you on?
04. You stabbed me in the back.
05. Are you mad at me?
06. You're pissing me off.
07. I lost my temper.
08. You scared the shit out of me.
09. I was worried sick about you.
10. You had me worried for a second.

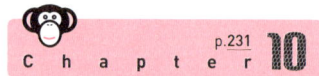

01. I'm so relieved.
02. Why the long face?
03. Don't be so picky!
04. Are you nuts?
05. He gets under my skin.
06. Let's not get carried away.
07. It's getting on my nerves.
08. You have a lot of nerve.
09. Your guess is as good as mine.
10. How should I know?

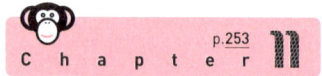

01. Not that I know of.

02. You don't wanna know.
03. You never know.
04. How can you tell?
05. It's too soon to tell.
06. I know what I'm doing.
07. Don't play dumb.
08. Good to know.
09. Just thought you should know.
10. I can see it in your eyes.

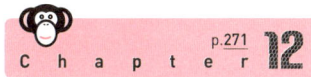

01. It's written all over your face.
02. You'll see.
03. Guess what!
04. It's just one of those things.
05. Just wondering.
06. No wonder you don't have any friends.
07. If my memory serves me right
08. For your information
09. I'll keep that in mind.
10. It slipped my mind.

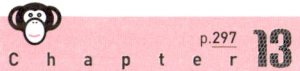

01. It never crossed my mind.
02. That's the way I remember it.
03. What's on your mind?
04. What do you say?
05. What makes you think that?
06. I beg to differ.
07. Who would have thought?
08. Don't even think about it.
09. I wouldn't dream of it.

10. Come to think of it

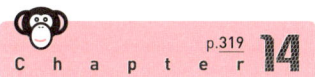

01. Speaking of which
02. Don't remind me.
03. Look on the bright side.
04. I'm having second thoughts.
05. You're not thinking straight.
06. You remind me someone I know.
07. Come again?
08. I'm not finished with you.
09. I'm speechless.
10. Where was I?

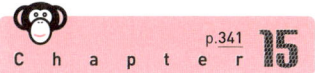

01. Get the word out.
02. Look who's talking.
03. Speak for yourself.
04. Speak of the devil.
05. Now you're talking.
06. That's easy for you to say.
07. Did I just say that out loud?
08. Lay it on me.
09. Spit it out.
10. Fill me in.

나도 이제 영어로 말한다!
기적의 영어회화 스피킹

초판 1쇄 인쇄　2016년 6월 23일
초판 1쇄 발행　2016년 6월 30일

지은이　마이클 사이먼, 라이언 강
발행인　홍성은
발행처　바이링구얼
교정·교열　임나윤
표지 디자인　김태수
본문 디자인　이성희

출판등록　2011년 1월 12일
주소　서울 양천구 신정로 275, 202-601
전화　(02) 6015-8835
팩스　(02) 6455-8835
메일　nick0413@gmail.com

ISBN 979-11-85980-16-4 14740
ISBN 979-11-85980-15-7 (세트)

* 잘못된 책은 서점에서 바꾸어 드립니다.